もう人前で ゼッタイ あがらない!

イザというとき 2倍の実力が出せる法

坂上 肇

はじめに――**絶大な効果と力を生むこのアガリ克服法**

世のなかに〝アガリ〟の現象と無縁の人はまずいないだろう。人はだれでも、大なり小なり〝アガリ〟を体験しているものである。

しかも、そうした人のなかには、対話やスピーチ、受験のときにアガルのは異常だ、という考えかたをしている人がいる。そうして、このために「自分はまともな人間ではないのだ」という、いわれのないコンプレックスを持ち、その妄想、マイナス観念にとりつかれ、悶々としている人が多い。

しかし、アガルことは決して異常でも性格的な欠陥でもないのだ。それどころか、アガリを知らないのがむしろ異常なのであり、普通の人間ならみんなアガルのである。

したがってあなたにアガリの傾向があっても、決して悲観することはない。むしろ、アガルのはまともな人間であることの証しなのだ、と喜んでほしい。

とはいっても、程度というものはある。だれの前へ出ても、恥ずかしさのあまり口もきけないとか、人の前で自己紹介するのが死ぬほどつらい、というようなアガリ恐怖症では困る。

やはり、アガリはある程度にとどめなければならない。したがって、極端なアガリは、できるだけなくしていくようにしよう。その方法が、この本を読んでいただければ、よくおわかりになるはずである。


人はなぜアガルのか。それは一言でいうと、「自分はアガルのだ」という思いこみ、それを裏づけるイメージの働きによる。

われわれの心は、同時に複数の思いこみをすることはできない。したがって、「自分はアガルのだ」という思いこみと、「自分は絶対にアガラない」という二つの思いこみを同時にすることはできない。大抵の人は、「自分はアガリやすいのだ」というマイナスの思いこみをしているものだ。

自分はアガル、と考えている人は、過去の体験が主な原因である。

過去に何かアガリの体験をした人は、「もしかしたら、またアガルかもしれない」というマイナスの考えかたをする。それが、何もなければいいのだが、同じような体験を重ねれば重ねるほど「自分は必ずアガルのだ」というマイナスの観念が徹底し、いつでも、どこでもアガルようになってしまう。

アガリ癖のある人は、思いこみと同時に、アガリを体験したときのイメージも浮かんでくる。そうすると、それがますますアガリを増すことになる。したがって、アガリをなくすためには、アガリに対するマイナスのイメージもプラスに切り替えるようにすることだ。

このように、アガリをなくす原理はたいへん簡単だ。自分の心の奥底、つまり深層心理に働きかけ、「自分は絶対にアガラない」という強烈な思いこみと、それにふさわしいイメージを焼きつけるのだ。そうすればだんだんとアガリの傾向は弱まり、やがてあなたは完全にアガラなくなるのである。

そうしたことから私は、〝アガリ〟で悩んでいる人たちのために、この本を書いた。これは、深層心理の確かな原理と、私のアガリ克服の体験に基づいたものだけに、その効果は絶大であると信じている。

この本を求められたあなたは、何らかのアガリに悩まされていると思う。だがもう心配はいらない。

ここに述べている考えかた、理論、技術をマスターし実践すれば、あなたの悩みは、たちどころに解消する。そのことを信じ、実践していただきたい。

坂上　肇

五章　子どものアガリはこうしてなくなる！

六章　100％アガリをなくす決定的方法……………………………………175

一章　話すことにたちまち自信がつく！

アガリさえなくせば思うままに話せる！

●ひどいアガリ症だった私が、今や千人の前でも話せる！

かつての私は、極度のアガリ癖に悩まされ、一対一で話をすることもできなかった。このつらさは、体験した人でなければわからない。大げさないいかたをすると、「死ぬ思い」というほどのものだった。

私は子どものころから、小さいことを非常に気にする性質で、現在のことはもちろん、過去のこと、未来のことなど、何かにつけて気にし、神経をすり減らしていた。

たとえば、近所の人にあいさつをしたあとで、「自分のあいさつのしかたが下手だったので、感じを悪くしたのではないだろうか」と思ったりする。また、話をしたあとでも、

「あんなばかなことをいったので、相手の人は、きっと自分のことを軽べつしているに違いない」と後悔したりする。

そのほか、向こうで人が笑っているのをみても、「あの人は、きっと自分のことをばかにして笑っているのだ」と思いこんだりする。あるいはまた、私の知っている人が、何かコソコソ話をしているのをみると、「あの人たちは、きっと私の悪口をいっているに違いない」などと、勝手に決めつけたりする始末であった。

こんな心理状態になってしまった私は、世のなかがさっぱりおもしろくない。人の前に出ることが嫌になり、そういう機会があっても、遠慮がち、引っこみ思案になる。その結果は人間嫌いになり、出るべきところへも、できるだけ目立たないようにし、いうべきことも、できるだけ口を閉ざす、というような性格になってしまった。

そういうことから私は、小学生のころから孤独を愛し、一人で読書にふけるという態度になった。だから、何か肝心な話をしなければならないときなど、大変な苦しみを味わう。

相手の顔をみるだけで動悸が激しくなってくる。そうなると、口がひとりでにこわばってしまい、ものがいえなくなってくる。

小学校を卒業し、上級学校を受験したときに、口頭試問があった。試験官の前に出ると、案の定、気持が臆してコチコチになり、ふだんならスラスラと出てきそうな答がどうしても出てこない。何とかして思い出そうとすればするほど、かえって頭は混乱し、絶望的な気持になったことを、今でも覚えている。

そんな私が、どういう運命のいたずらか、全校生徒の前で話をしなければならない羽目になったことがある。このときばかりは、ほんとうに、いても立ってもいられないほどのアガリようだった。真っ赤になった顔からは、まるで火が吹き出すような感じだった。もちろん、聞いている人たちの顔など目に入るわけがない。冷汗も滝のように流れ出した。

こうなると、口のなかはカラカラに渇き、思っていることの十分の一、いや百分の一も話すことができない。したがって、話の内容も支離滅裂、何をいわんとしているのか自分自身わからない。話している本人にわからない話が、聞いている人たちにわかるわけがない。そういうわけで、この話は大失敗だった。

このようにして、強度のアガリ癖が身についてしまった私は、自分の能力や性格に対して悲観的になった。したがって、人と話をすることについても、最初から、「自分は、人とうまく話すことができないのだ」という先入観にとらわれてしまっていた。

こういう観念を持っている私が、アガラないで話をするための努力や研究をするわけがない。一時は努力をしようとしても、すぐに「どうせうまくいくはずがない」という考えが起き、これを妨げてしまうのである。さらに問題なのは、意志がきわめて弱かったことだ。したがって、だれとでもアガラないで気軽に話せるという能力は、望んでも得られず、悩みに悩んだものである。

そんな私が、今では全国各地の会社や団体などから、講演を頼まれることが多い。聴衆は、少ないときでも百名前後、多いときは、千数百人も集まるが、そういう人たちの前で、二時間程度の話をしている。しかも、同じところから何回も頼まれることもある。これは手前ミソのようだが、私の話しかたが、まんざら下手でもないのだろうと自負している。

●「たかがスピーチだ」と考えて成功した青年

〝人はだれでもアガル〟、これは事実である。したがってあなたも、アガルことを恐れたり、悲観することはない。要は、どのようにしてそれを解決するか、だ。それは、多くの人の例が実証してくれている。次にあげるのは、その一部である。

某所で行われたある青年会の結成大会当日の出来事である。開会のあいさつに登壇した一人の青年が、開口いちばん、

「みなさん！」

とはじめたものの、あとの言葉が出てこない。二百人ほどの聴衆はシーンとなり、続いて、「どうした！」

と、やじが入りはじめた。

「みなさん！」

と、また同じ言葉が飛び出したが、

「みなさんはわかった。それから？」

と、無遠慮なやじが、あちらこちらから上がる。顔を真っ赤にした彼は、とうとう絶句したまま、緊張のあまり、壇上に崩れるように失神してしまった。

彼は、小学校のころから引っこみ思案で、先生から指名されると、すぐに真っ赤になるほどのアガリ症だった。そのため、大学生になるまで、いつも話すことに悩まされ続けてきた。

その彼が、この事件を契機に、ある決意をした。それは、「よし、自分のいちばん苦手なスピーチに挑戦してやろう」ということだった。まず考えたことは、あの苦い体験から、「たかがスピーチじゃないか。大したことはない。気楽にいこう」と自分にいい聞かせることだった。その結果、スピーチ上達の道は険しく遠いものだが、よけいな緊張感から解放されることが問題解決の近道だ、ということを悟ったわけである。

さて、その効果は？

ある有名な評論家が、高校出たての新入社員の大集団を相手にした研修会に、講師として呼ばれたときのことである。先着の講師が講演中であったが、千人もの聴衆が笑いどよめき、拍手が波のように廊下にあふれていた。話し手のうまいこと、感動させたり、うならせたり、笑わせたりして、聴衆を手玉に取っている。その評論家はすっかり感心させられたが、その講師こそ前に述べた青年であり、現代コミュニケーションセンター所長であった坂川山輝夫氏であった。

これは、どんなアガリのひどい人でも、その気になって努力をすれば、その道の第一人者になることもできる、という一つの好例である。

●他人への説得力が飛躍的に高まった経営者

説得力とは、自分が欲していることを、相手に納得させて行動させる能力である。そういう意味で、とくに経営者・管理者に欠かせない力であろう。

説得力は、単なる話術ではない。本人の人格、能力が根本になるものである。そういうことで思い出すのが、札幌にある化粧品の卸商社「D社」のH社長である。

あるとき社長は私に、

「先生、実は私も、子どものころ吃音だったのですよ」

と話してくれたことがある。ギリシャのデモステネスが吃音を克服し、〝雄弁の神様〟として世界中に知られるようになった、という私の講演を聞いた社長が、そのあとで、自分の体験を話してくれたのだ。

H社長は、子どものころ、緊張し、アガルことによる吃音のために友達からよくからかわれた。そのため、言語コンプレックスも強かった。

そこで、商業学校へ進学したときに一大決心をし、弁論部に入ることにした。吃音コンプレックスから逃れようとする気持からだった。

弁論部に入ってからの社長は、真剣に練習に励んだ。しかし、生来の吃音を克服するには、かなり時を要した。しかもそれは、完全には治らなかった。

だが、このことで得がたい教訓を得た。それは、吃音に限らず、人は努力さえすれば、考えた以上に能力が開発されるということ。もう一つは、説得力は、単に言葉や技術だけの問題ではなく、それよりも大事なことは、誠意と熱意であるということであった。
こういう貴重な体験をした彼は、社会人になってからも、この信念で押し通した。またそれは、仕事の面で非常に役立った。

現在は社長として、誠意と熱意を信条とする説得力をフルに活用している。その一つは、幹部社員をはじめとする全社員への教育である。社長が訴える言葉は、切々として聞く者の胸を打つのだ。
また、取引先の経営者や、その奥様たちにも、この説得力を活用している。たとえば、招待旅行のときなどは、必ず役に立つ講演をしている。ユーモアをまじえながら、熱意をこめて語りかける話しぶりは好評である。また、こうしたことが、取引先との信頼関係にも大いに役立っている。

H社長の話術には、理論的、正統的な見方をすれば、いろいろ問題はある。しかし、流ちょうな言葉、洗練された話しかたは、彼にとってはむしろマイナスになるかもしれない。それよりも、自分が信条にしている熱意と誠意をもとにした独特の話しかたのほうが、よっぽど魅力的であり、説得力がある。私はこの点を指摘した。社長は、私の言葉を喜んで受け入れてくれた。

説得力は、単なる技術ではない。その根本は、何といっても、その人自身の人格である。したがって、相手の立場を考え、誠意をもって説得すれば、必ず効果はある。そうすればアガリなど、ものの数ではない。

アガリ症は誰でもゼッタイ治せる！

●雄弁の神様、デモスデネスの秘密

前述したように、世界一の大雄弁家として評価されているデモスデネスは、紀元前三八四年に、ギリシャのアテネに生まれた。生来体が弱く、容ぼうも人並み以下、おまけにひどい吃音であった。したがって人々は、彼のことをあざけりののしって相手にしてくれなかった。しかも、七歳のときに父を失い、その遺産である巨万の富は、叔父に横領されてしまった。

大きくなってから、彼は叔父の非道を怒り、裁判所に訴えた。しかし、口が不自由なうえ、感情のたかぶっていた彼は、法廷で一言も発言できなかった。そのため裁判に敗れ、悲憤の涙をのんだのである。

そのことが大きな発奮の機会になった彼は、それから話しかたの勉強をするようになった。まず、体を丈夫にするため、いろいろなスポーツをやった。自分の醜い容ぼうを治すため、鏡の前に立って、表情、動作などの練習もした。

肩を怒らせる癖のあった彼は、天井から剣を垂らし、それが肩に当たるぐらいにして、癖を治したりもした。また、外出をしたくてもできないように、自分の頭髪を半分だけ剃り落とすこともやった。発音、発声の練習をするため、海岸に出て、逆巻く怒濤に負けないような大声で演説のけいこをした。肺活量を増やすため山に登り、疲れたときでも演説ができるように、荒い息のまま演説を続けたりもした。

口のなかに小石を入れ、わざと舌を不自由にして、はっきりと発音する練習もやった。そのほか、当時第一といわれた名優について発声法を学んだり、ほら穴のなかに入っては、古来の雄弁家の演説を、丸暗記するまで練習をしたりした。

このようなさんたんたる苦心の結果、彼は二十七歳で弁護士になった。二十九歳のときには、アテネの公会堂に現れ、当時ギリシャに対して野心を抱いていたマケドニアのフィリップ王を徹底的に攻撃し、ギリシャ国民に対して、彼の偉大な雄弁の力を示した。

こうした彼に対しては、さすがの英雄フィリップ王もカブトを脱ぎ、

「アテネの軍隊は、どんなに強いといっても、自分には勝つ自信がある。しかし、恐るべきはデモスデネスの三寸の舌である」

といったということだ。

彼はその後も、偉大な雄弁の力で、フィリップ王ならびにその子アレキサンダー大王に抗戦し、三十年もの間、国民を奮起させてきた。だが、ついに敵軍に捕われて毒をあおいだ。彼が五十九歳のときであった。

このように、恵まれない条件を持った者でも、自分の気持をプラスに変えることによって、これほどまでの偉大な力が出せるのだ。彼は、その可能性を示してくれた一人である。こうしたことに比べれば、アガリ癖をなくすことなど、何でもないのである。

●弱気、引っこみ思案の解消法

・「ものすごいコンプレックスのかたまりで、電柱と塀の間のどぶ板の上(道の端)をいじけて歩いていました」

・「小さいころ、病的なほど引っこみ思案でした。恥ずかしがり屋というか、そのまま社会生活ができないんじゃないか、というような子どもでした」

・「小学校四年生までは、教室で指されても返事もできないほど内向的で人見知りする子でした」

・「引っこみ思案は、私の代名詞みたいにいわれました」

以上の談話は、いずれも現在マスコミで活躍している、今をときめく有名人のものである。ある女性誌に掲載された記事でこれを知ることができたのだが、彼らでさえ、このように小さいころから内気、アガリ症で悩んできた。

だが、それを何とかして克服しようと努力したところに、現在の彼らの活躍ぶりがあるのだ。ここにあげたのはその記事の一部だが、これ以外にも、以前は引っこみ思案で悩んでいたという人は数多くいた。

こうした悩みを持っていた有名人たちは、実際にどうしてそれを克服したのだろうか。次にあげるのがその実例（同記事より）である。またその結果、かつての弱気度が、今ではどのように少なくなったかも興味のある問題である。上の数字は、かつての弱気度、下は現在の弱気度である。

・「いつも次の言葉を思い出して引っこみ思案を克服しようとしてきた。『ちょっと勇気がないばかりに多くの天才がうずもれていく』」
〈一〇〇％　今は二〇％〉

・「恥ずかしがらず、積極的に人に会うのが克服の方法の一つ」
〈五〇％　今は三〇％〉

・「自分が正しいと思ったことは、途中であきらめたりせず、最後までくじけず貫くこと」
〈八〇％　今は五％〉

・「事が起きたときに、奥歯をグッとかみしめて突き進むこと」
〈八〇％　今は五五％〉

・「思い切って大きい仕事を引き受けること」

＜八〇％　今は二〇％＞

・「日記に、標語みたいに『積極的に!』を繰り返し書いた」

＜八〇％　今は三〇％＞

それぞれ、弱気度が以前に比べて大幅に減少している。しかもそのなかには、「ほぼ弱気度ゼロ」という人もいる。つまり大抵の人は、引っこみ思案、弱気というものはだんだんに少なくなってくるのだ。また、初めから弱気度ゼロという人もほとんどいない。

自分が弱気、引っこみ思案だと思いこんでいる人は、こういう事実に目を向け、悩みを持っているのは自分だけではない、ということを理解することだ。そうすれば、心の重荷は必ず少なくなるはずである。

●あなたを変える強烈な「信念」

インドの古いことわざに、〝持つと信じよ。しからば持てるなり〟というのがある。これは、アガリをなくすことについてもいえる。

「何が何でもアガリをなくしたい」という燃えるような願望があれば、それは必ず実現する。〝真に欲するものは、必ず実現する可能性がある〟という言葉さえある。したがって、その可能性を信じれば、だれでもアガリをなくすことはできるのである。

では、あなたはその可能性について、どの程度強い信念を持っているか。次の項目をみて、自己評価をしてみよう。

その結果、弱点がはっきりしたら、よく検討し、どうすればそれをなくせるか、じっくり考えてほしい。

(1)アガリ脱却の価値を高く評価しているか。
(2)それを達成するためには、どんな代償も喜んで支払うか。
(3)どんなことがあっても、アガリ脱却の欲求を放棄しないか。
(4)アガリについて、根拠もないのに否定的な考えかたをしていないか。
(5)目標を達成するまで、やりとげる決意を持ち続けられるか。
(6)他人の言動で、決意をくじけさせるようなことはないか。
(7)他人もできたのだから、自分もできると信じているのか。

(8)信念を強化するための知恵を得ているのか。
(9)その信念は、自分を納得させる根拠が十分にあるか。

以上の問いのなかで、否定的な答えが出た項目については、さらに深く掘り下げてみる。**①もっと時間をかけてもダメなのか？　②ほかの人の協力、指導を受けてもダメなのか？　③方法を変えてもダメなのか？　④論理的にダメなのか？　⑤もっとお金をかけてもダメなのか？**　といろいろ反問してみる。それでも「ノー」であったら、最後には、⑥**「やらなかったら殺す」**といわれてもダメなのか？　と反問してみよう。

そこまでやれば、ダメだという答えは出てこないはずである。可能性はあるが、心に甘えがあるため、何とか理屈をつけて、その可能性を否定してしまうのが、多くの人の実態なのである。

●成功への鍵を握る〝潜在意識〟の持ちかた

人はだれでも、アガリをなくすことができる。今までの事例でもわかるように、そういう可能性をもっているのだ。ところが、その可能性を追求している人は意外に少ない。なぜだろうか。

そういう人の多くは、可能性を信じないため、現状に甘んじているか、あきらめてしまっているのだ。それはそれなりにどうということはない。他人がとやかくいう筋合いではない。だが、それでほんとうに満足できるか、ということになると話は違ってくる。

なぜなら、人はだれでもアガラずに話し、行動したいと思っている。したがって、それを求めるための行動をとり、成功したいというのが本音である。それなのにアガリの現状に甘んじているということは、欲求を押し殺している不自然な態度である。

したがってそういう人は、口では何といおうと、本心では、不本意、不満、不快感などのマイナス感情で満たされていることであろう。

真に欲するもので不可能なものはない、というのは事実であり、それを証明するのが潜在意識の力である。ところが、アガリをなくすことは不可能だと考えている人がいる。その人は、その瞬間から、すべて物事がマイナスに作用するため、信じたとおりの不可能な結果を招くことになる。

アガリの克服に成功するのは偶然であるとか、ツキだという人もいる。だがそうではない。成功は自然の法則として厳然と存在しているのである。したがってあなたも、絶えずそのことを信じ、可能性を追求しようではないか。

アガリの克服に成功するためには、まず心構えをプラスにすることだ。それは成功を実現させる心理的な原則である。この成功法則は、引力の法則などと同じで、成功との因果関係によるものである。

成功能力とは、人間が本来的に持っている秘めたる力である。それが備わっていることは、いろいろな事例から考えても、疑いのない事実である。

ただしその場合、特に気をつけてほしいことがある。それは、潜在意識には、どんな考えかたでも無条件に受け入れ、それを実現してしまう働きがあるということだ。「自分はアガリを克服できない」と思えば、潜在意識は、それを真に受け、そのようになる。

だが反対に、「アガリは必ず克服できる」という考えかたをすれば、潜在意識は、それも額面どおりに受け入れ、実現してくれる。したがって、〝自分は必ず成功できるのだ〟という成功の信念を持つようにすることだ。

このような点に気をつければ、アガリ克服は望むままである。

二章　「すごい奴」といわれる度胸のつけ方

●会議でアガル人はこんなに損をする

ビジネスパーソンは、いろいろな会議の場に出席する機会がある。その席上、「自分の意見やアイデアを堂々と発言したい」と思うのは、だれしも同じであろう。そういうことができれば、上役からも認められ、プロ社員としてのプライドを満たすこともできる。

だが、だれでもそういう度胸のある態度がとれるとはかぎらない。人によっては、せっかく会議の場に出席しながら、人形よろしく何一つ発言できない。そういう人は、たとえ意見やアイデアがあっても、発表することができないため、無能人間にみられてもしかたがあるまい。

M社のK君もそうした人間の一人である。彼は、かなり優秀な社員である。筋の通った意見を持ち、すぐれたアイデアも持っていた。ところが、子どものころからのアガリ癖が強く、会議の席での発言は、絶対にできなかった。

あるとき、重役が列席しての会議があった。そのとき重役から意見を求められたが、シドロモドロの発言しかできず、真っ赤になって立往生してしまった。

ふだんの彼を知っている人なら、まだ理解してもらえる余地はあった。だが、彼の実体を知らない重役は、彼にダメ人間のらく印を押し、〝うば捨て山〟と呼ばれる部署に左遷してしまったのだ。


ある問題を解決したり、調整、アイデア開発などをする場合、何の考えも持たない人はいない。それなのに、彼のように会議の場でまったく発言ができないのは、内容の有無というよりは、羞恥心、アガリ癖が原因である。

「こんなことをいったら、みんなに笑われるのではないだろうか？」「くだらん発言だと思われるのではないだろうか？」などと心配するためだ。

しかもそういう人は、あとになって、発言しなかった態度を悔やむことが多い。

「あのとき、もっと勇気を出して発言すればよかった。自分は何と度胸がない男なんだろう」と自分を責めるのだ。

こういう人は絶対に救いようがないのだろうか。そうではない。アガリに対する正しい理解と、それをなくすための技術を習得すれば、いつでも、どこでも、堂々と発言することができるようになる。

要は、実力があってもそれを発表しなければ、何の役にも立たないということである。

●会議の場で自分の実力を出しきる法

現代社会では、会議に参加する機会が何かと多い。会社であれば企画会議、アイデア会議、調整会議などのほか、職場懇談会とか、部門の連絡会議など数え切れないほどある。そのほか、ＰＴＡの会や団地の自治会などの会議に出席する母親や主婦など、たいへん多くの会議の場がある。学生であっても校内、校外でミーティングはあるだろう。

アガル人は、こういう会議などの場で、自分のいいたいことが十分にいえない傾向がある。これでは、せっかくの発言の権利を捨ててしまうことになる。

しかも、発言をしなかったために、不本意な決定がなされたとしたら、どんなに残念なことかわからない。

私の指導会社であるT社にも、会議に出席するとアガッてしまうA君という社員がいた。彼から、アガラずに意見を発表できるための相談を受けた私は、次のようなアドバイスをした。

●会議に出席するときは、前もって議題の内容に精通しておくこと。会議に必要な資料などがあったら、くまなく目を通し、自分なりの考えをしっかりと固めておく。

●開始時刻には絶対に遅れないようにする。早く来て開会を待つことは、心に余裕もでき、落ち着くものだ。ところが、開会に遅れると、他の参会者から、会議に対する態度もいい加減だという見方をされやすい。また自分自身、時間のことが気になり、落ち着きを失ってしまうことになる。

●次に大事なことは、会議のルールを守ること。また、ほかの人が発言をしているときは、よく聞いておくことだ。そうでないと、いい加減な聞きかたのため、こちらの発言や質問がトンチンカンになり、アガリやすくなる。

●発言をするときは、自信をもって発言できる内容だけにとどめる。ほかの人を非難攻撃したり、感情的に不愉快な感じを持たせるような態度や発言もしないほうがよい。そういう態度が自己嫌悪を催したり、人から反論されたりして、シドロモドロになりかねないからである。

●会議が終わったあとは、そのいきさつや自分の発言内容、態度などについて、必ず反省するようにする。できることなら、そのことを記録しておくとよい。そうすれば、あとになって記録を読み返し、自分の発言のしかたなどの反省をするのに、たいへん役に立つ。

●なお、それ以前には、前に述べたイメージ法その他の方法で精神統一をやり、リハーサルをやっておくことはいうまでもない。

以上のようなことを話したら、それからのA君は自発的にそれらのことを心がけるようになった。その結果、会議の場でもアガラなくなり、自分の意見をどんどん発表できるようになったということである。

●この〝自己分析法〟で対人恐怖症はたちまち治る

私はあるとき〝対人恐怖症〟のことで、仕事に関係のある会社の新入社員から相談を受けたことがある。これは私も体験があるのでよくわかる。だれかと顔を合わせただけで胸がドキドキするやっかいなものだ。

彼も、職場の他人がいつも気になり、自分が思っていることの半分も話せないという重症であった。

そこで私は、彼に自己分析をやらせた。改善したほうがいいと考える事柄を、思いつくままノートに書き出させたのだ。そうしてそのなかから、最も改善しやすいものを一つだけ選び出させ、それから改善するように勧めた。

一度にあれこれと欲張ると、〝二兎を追う者は一兎をも得ず〟という結果になりやすい。そうならないために、一つだけ選ばせたのである。

彼が選んだのは、「朝のあいさつ」だった。

彼は引っこみ思案のため、まともに相手の顔をみてあいさつをすることに抵抗を感じていた。

したがって、あいさつをすることはするのだが、ただ頭を下げるだけとか、声を出しても、口のなかでボソボソとつぶやく程度であった。

それがよくないということは、彼自身よくわかっていたのであろう。

彼は翌日から、自分自身にハッパをかけ、大きな声で「おはようございます」「さようなら」ということを心がけた。周囲の人のなかには、あまりの変わりように、けげんな顔をする人さえいた。

しかし彼は思い切ってそれを実行した。なかには、

「近ごろきみはずいぶん元気になったな」

といってくれる上司もいた。そのことに励みを感じた彼は、これを一週間、二週間と続けた。

このようにして、大声であいさつをすることができるようになった彼は、ほかのことにも自信を持ち、先に書き出した改善点のなかから、次にやりたいものを選び出し、それもまた実行した。

その結果彼は、今までとはうって変わったような積極人間になることができた。

その彼も、そんなに簡単に対人恐怖症が治るとは思っていなかったらしい。だから最初のうちは、成功に対して不安感をもっていた。

自分にコンプレックスがあるため、失敗を恐れ、成功への不信感を持ちやすいのがこの種の人である。これは、私自身そうだったのでよくわかる。

だが私は、自分でそうした問題を体験しているので、その体験をもとに、彼に対して、やればできるという信念をもって説得することができた。このように、本人がその気になりさえすれば、アガリなど簡単に治ってしまうのだ。

ある食品メーカーの営業マンであるN君も、そうした体験者の一人である。

彼は、対人恐怖症を治すために音声を利用した。最初は、取りとめのないことを音源に吹きこみ、自分で聴いてみた。

自分の声に慣れると、次は、人と話すときの要領で話してみた。それを聴き、自分の話しかたがどういう内容のものであるかについての評価をした。

それを繰り返しているうちに、だんだんと自信がつき、他人と話をするときにも、特別アガッたりはしなくなったのである。

問題は、恐れているばかりでは解決しない。すすんでそれを解決しようとする意志と努力、これが成功するための大きな力となる。

●〝商談不安症〟はこうして解消できる

私の知っている営業マンのM君は、一風変わった不安に悩まされていた。

それは「商談不安症」とでもいうべきものである。訪問そのものには、さほど不安は感じないし、お客との面接にも、特別アガルようなことはない。

だが、いざ商談となると、胸がドキドキしてどうしようもなくなるのだ。したがって、商談効率もよくないわけである。

商談に入ることに抵抗、不安を感じるため、条件の提示になると、そのことを意識し、極度の不安を感じる。気持が緊張し、体が震え、口ごもって何にもいえなくなってしまうのだ。

こういう状態だから、商談のために訪問していながら、お客が留守だったり、忙しくて面会してもらえないと、かえってほっとする。

また、商談に入ろうとするとき、突然の来客があったり、突発的な出来事でその話が中断されたりすると、内心ほっとする。

こういう状態だから、あまり業績が上がらなかった。これに対しては、どういう態度をとったらいいだろうか。

こういうことは、多くの営業マンが体験していることである。一般に、こうした商談不安症にかかる理由には二つある。一つは商談に入るときの〝切り出し不安〟、もう一つは注文をしてもらう〝直前直後の不安〟である。

このうち、厳しいのは前者である。だがこれも、商品説明から自然に入る場合もあり、逆にお客から切り出してくることもあって、それほど不安を感じないこともある。

問題は、営業マン自身が、商談に対してどういう態度をとっているかによる。消極的な態度をとっていたのでは、不安解消は望めない。

一般に営業マンは、商談に持ちこんだら、もしかして断られるかもしれない、そうなったら、何もかもご破算になってしまう、せっかくここまで持ちこんだのだから、もっと可能性が見出せるまでそのままにしておきたい——という心理が働く。

したがってこういう場合は、なかなか商談を進めることが難しいわけである。

こうした心理状態になるのは、過去の失敗体験のイメージが生々しく浮かんでくるからだ。営業マンならだれでも、過去にこういう場合の失敗体験がある。それが無意識のうちにイメージ化され、そのために決意を鈍らせる結果になるわけだ。

こうした場合の対策として考えたいことの一つは、相手を無理に説得しようとあせらないことだ。人はだれでも、押しつけがましい説得の態度を嫌う。

特に、金を払う客にはこういう傾向が強い。したがって、できるだけお客に納得してもらうよう、誠意をもって努力をすることだ。

そうすれば商談不安症はかなり軽くなる。

もう一つの考えかたは、「ダメで、もともと」という楽観的態度をとることだ。「何が何でも売りこまねば……」という考えかたをすると、断られた結果がみじめに感じられる。したがって、商談をためらうことになる。

そうではなく「もし断られても、別に損をしたわけではない。もともとではないか」というような割り切りかたをするのだ。そうすれば、楽な気持で商談に入ることができる。

以上のようなことを考えて商談に入るようにしよう。そうすればあなたは間違いなく成功することができる。

●自己啓発に必ず役立つ〝三分間話法〟

あなたは、交渉相手の注意を、どの程度自分に引きつけることができるだろうか。それができないと自信をなくし、アガリやすくなる。では、そうならないためには、どうしたらいいだろうか。

人の注意力の持続時間は、三分間程度である。したがって、だらだらした話しかたをすると、相手にマイナスの感情を与えることになる。相手をしらけさせ、うるさがらせるようでは、交渉、説得には成功しない。

説得力のある話しかたをするには、三分間話法（トーストマスター法）を習得することだ。

この話法の定義は、

I　交渉を目的として、顧客、上司、同僚などを納得させる話法である。

Ⅱ 前もって一つのテーマを設定し、相手にその内容を完全に理解させるものである。
Ⅲ 三分間にまとめられたものである。
Ⅳ 説得力を高めるため、必要に応じてボディアクションをまじえる。

というものである。

この三分間話法は、新入社員からセールスマン、管理者にいたるまで、だれにでも必要であり、効果のある技術である。

次に、この話法の実践的自己啓発法を述べよう。

㈠ テーマを一つ選定する。

「車」「テレビ」「家族」など何でもいい。

㈡ 書いてみる。

テーマが決まったからといって、すぐにうまくはしゃべれない。したがって、話の内容を書き出してみることだ。原稿用紙（二百字詰）で約四枚程度を標準にするといい。

㈢ 起承転結を考える。

必要で十分な内容を構成するには、起承転結を考えることだ。「起」では、主題の前置き言葉を、「承」では本題を盛り上げる言葉を、「転」では、主題に関連する側面を説明する言葉を、「結」は全体をまとめる言葉を使うようにする。

時間配分は、各論段階を二分間で、残りの一分間で、総論として全体をまとめるようにするといい。

㈣ 録音する。

原稿ができ上がったら、それを読んで録音する。自分の声の質を知ることができると同時に、次のような話法上の問題点を知ることができるからだ。

・テーマは十分理解できるか?
・発音は聞きとりやすいか?
・興味をひく内容か?
・声の調子に抑揚があるか?
・音質はどうか?

などである。

(五) 反復継続する。

(一)~(四)までのことを、テーマを変えながら反復継続していく。〝継続は力なり〟というが、この場合も、継続をすれば、話術が非常に上達する。

●初対面の人とアガラずに話せる法

われわれは、初対面の人と話す機会が結構多い。自分の知人から、その人の友達を紹介されて話すことがある。どこかの会社へ入社すれば、その会社の人たちと初対面の話をする。転居をすれば、向こう三軒両隣りの人にあいさつをする。

いずれにせよ、大抵の人は、初対面からだんだんと知り合いになるのだから、こういう機会は多い。

こういうとき、アガラないで話をするにはどうしたらよいか。それにはまず、できるだけ相手のことをよく知るようにすること、また相手に対して、できるだけ親しみを感じるようにし、そのことを相手にも感じさせることだ。

特にアガル人は、度の過ぎた緊張をしがちである。その点でも、平素からできるだけ心からの笑顔ができるよう、訓練をしておくとよい。

次に問題になるのは、その人との会話の内容である。これは、できるだけありふれた話をすること。また、相手に関係したことを質問するやりかたも効果的である。そうすれば、自分ではあまりしゃべる必要がないし、相手の話を聞いてあげるというサービスをしていることになって〝一石二鳥〟である。

そのほか、服装や身だしなみにも気をつける。特に相手が女性のときは、こうしたことは決定的な印象を与える。

次に、初対面で取り上げる話題の内容について、参考になるものをあげよう。それは**「木戸に立ちかけさせし衣食住」**だ。

キ——季節、気候に関する話

ド——道楽や趣味に関する話

ニ——ニュース、出来事についての話

タ——旅、出身地の話

チ——共通の知人についての話
カ——家族、家庭についての話
ケ——健康、容ぼう、スタイルなどの話
サ——酒、サラリーの話
セ——セックス、色気、恋愛話
シ——仕事、職業に関する話
衣——着るものの話
食——食べもの、飲みものの話
住——住まいについての話

などである。

ただしこれらの話も、時、場所、相手によって使い分けをしなければならない。

初対面の見合いの相手の女性に、いきなりセックスの話などをしたら、色魔と間違えられてしまうだろう。

ゴルフやマージャンに興味のない人に、それらの話をしても、座がしらけるだけだ。

そういう点は、よく考えて話を進めるようにしよう。

そのほかにも、いろいろ気をつけることはあるが、アガラないための基本的な心得は、統一法を基本にし、相手に自分から好感を持つようにすることである。

●相手に好意を持てば絶対アガラない

A社の営業マンであるS君から、アガリについての質問を受けたことがある。それは、自分の家族や、親しい人と話すときはアガラないのに、知らない人と話をするとアガルのは何が原因だろうか？　という内容だった。

それに対して私はこう答えた。家族や親しい人は、気心もわかり、好意を感じているため、余分な神経を使うことがない。ところが知らない人は、人柄もよくわからないし、好意を感じるところまで親しくなっていないため、ある種の恐怖心が起きてアガル。したがって、アガリをなくすためには、できるだけ相手に好意を持ち、好かれることだ、と——。

こういうことは、本人の努力しだいでできるものだ。なぜなら、人に対する好き嫌いの感情は、客観的な事実に基づくものよりも、多くは主観的要素のほうが強いからである。したがって、自分の感情をプラスにすれば、相手に対する好感も、より多く感じることができるはずだ。

これに関係したことで、おもしろい研究の結果がある。それは、アメリカの社会心理学者が、自分が所属しているグループのなかで相手を選ぶのは、「相応性の原理」によるものだ、ということを発表していることだ。

これは、ある人が相手を選ぶのは、その相手も自分を選んでくれるはずだ、と思う人を選ぶ傾向があるということで、つまり選択の一致ということにもなる。

ところがこれは、あくまでもそう思うだけであって、事実相手が自分を選んでくれるかどうかは、わからない。

そういうことから考えても、他人と仲よくなったり、好感を持つことは、多分に主観的な要素が強いのである。つまり、相手が自分に好感を持ってくれるはずだ、と感じたときには、何となくその人に好感が持てる、ということである。

これと反対に、自分に敵対感を持っているかもしれないとか、自分の支持者ではないと感じたときは、その相手に対して、何となく敵対感めいたものを感じ、好意を覚える気になれない。

これは事実がそうであるということではない。そういうことを感じたときは、そういう気持になりやすいのである。

このように、自分に好意を持ってくれているとか、敵対感を抱いているかもしれないという心の働きを「投射現象」という。

そうしてこれは、人間関係の面で、たいへん大きなかかわり合いを持っている。

また、そういうことから考えて、あなたはできるだけマイナスの投射現象を起こさないよう、意識的に努力をしてほしいものである。

特に初対面の人には、前にも述べたように、いろいろな先入観を取り除き、できるだけ多くの長所を発見することである。さらに大事なことは、その人に対してプラスの投射現象を起こすよう、自分自身努力をすることである。そうすれば相手も、それを何となく肌で感じ、あなたに対して、好意的な態度をとってくれるはずだ。

こういう説明を納得してくれたS君は、その後はだれとでも、それほどアガラずに話せるようになったということである。

●上役・権威コンプレックスを解消する法

ビジネスマンのなかには、上役の前に出るとアガッてしまう人がいる。S社のT君がそうだ。彼は上司に呼ばれただけで心臓がドキンと鳴り、動悸が高まるという。したがって上司の前に立つと、すっかりアガッてしまい、質問に対しても的確な答えができない。そのため、実際の能力以下の評価をされてしまうのだ。

こういう心理現象を「威光暗示」という。つまり、上司の肩書、職制上の地位の暗示にかかり、それに対して恐れを抱き、マイナスの態度をとるのである。これは何とかできないものだろうか。

たしかに世のなかには、社会的に権威を認められている人がいる。そのことに敬意を表するのは結構なことだ。だが、その権威を盲信し、威光暗示にかかってアガッてしまっては、本人にとって大変なマイナスである。したがってそういう人は、こうしたマイナス暗示から脱却する必要がある。

人には、「アバタもエクボ」といって、相手の欠点も長所にみえる心理状態がある。これは、理性的判断に基づくものではない。

したがって、こういう現象が相手に対するコンプレックスにつながったりすると問題である。相手の地位、肩書、知名度などによって、その人のすべてが自分よりも優れていると感じたら、いろいろな面でマイナスの結果を招くことになる。そういう点は、特に気をつけたいものである。

そうしたマイナスをなくすにはどうすればいいか。それは、相手の持っているマイナスの事実・欠点も知ることだ。相手が自分よりも劣っている点を知り、それを自分の長所と比較して、コンプレックスやアガリをなくしてしまう方法である。

たとえば、どんなに社会的に高い地位の人間、その業績が世界的に評価されているような人間にも、補いがたい欠点はあるものだ。

こうした見方をすれば、あなたの身近に存在する人たちについても、考えが変わってくるであろう。いたずらに相手の欠点を探しまわる態度は感心しない。しかし相手の権威に圧倒され、それが原因でアガッてしまうような人は、相手の欠点を自分の心のなかで拡大し、マイナス観念をプラス観念に転換することはできる。

どんなささいなことでも、これだけは相手に負けないものがあるというプライドを持ち、彼も同じ人間ではないか、と思えば、もう決して不必要なアガリを感じなくてすむようになる。

●面接に弱いのはあなただけではない！

面接試験を受ける人の多くは、自分だけがアガルという思いこみをしている。だがこれは偏見なのだ。人はだれでもアガルもの、したがって、他の人もかなりアガッているのである。その事実を知り、アガリに対処するようにしよう。

ある就職雑誌社が、各企業の面接担当者から聞いたアガリの資料がある。それによると、

「明らかにアガッていた」………（六六％）
「アガッていたようだ」…………（一八％）
「リラックスしていた」…………（八％）
「不明」……………………………（八％）

というのが実態、つまり、面接を受ける人の十人に八人はアガッているということだ。

その事実を、体験者のM君は次のように話している。

「恥ずかしい話ですが、第一志望の自動車メーカーの面接に行ったとき、自分でもびっく

りするほどコチコチに緊張しましてね。面接室へ入るなり、のどはカラカラ、頭はポーッとなって名前をいうのも忘れる始末。あとは何が何だかわからないうちに面接が終わっていました。実際、その間のことはあまり覚えていないというようなありさまで、もちろん結果はいわなくてもおわかりいただけるでしょう」

ということである。

では、アガルのはどんな場合でも不利なのか。これについては、各社の面接担当者は必ずしもそうではないといっている。

「アガルのは当然だし、こちらも、アガッている人には、何とか緊張を解きほぐすように質問をします」

という。また、逆にリラックスしている人については、

「そういう人は、少々くだけすぎているという印象です」

と、必ずしもいい評価をしていないことも事実である。つまり、面接のときには、だれでも大なり小なりアガルため、面接者も、被面接者がアガッていることを前提に応対をし

ているということである。

そうはいっても、極度のアガリかたをすれば、やはりマイナスになることは事実である。面接試験のとき、女性は男性以上にアガリやすい。大抵の女性は職場で働いていない母親に育てられている。しかも女性であるということで、おとなしくしていればいい娘さん、という評価を受けることができる。

ところが、面接はそうはいかない。自分の意見は、男性同様、堂々と述べることを期待されている。しかも試験官は、大抵の場合男性である。したがって緊張感は嫌が上にも増すわけだ。そういう場合、特に気をつけることは、たとえ途中で失敗をしても、それが決定的な問題ではないということを自覚することだ。

試験官が判断を下すのは途中の失敗ではない。そのすべてが終わってから総合的に判断を下すのだ。そのことを忘れず、間違ってもすぐに立ち直る冷静さを持ちたいものである。

●事前に「イメージ面接」をやればアガラずにすむ！

入学試験とか入社試験を受けるとき、大抵のところでは、口頭試問というテストの形式をとっている。これは筆記試験と違って、相手がいることであり、その人と話をしなければならないため、たいへん苦手に感じている受験者が多い。

事実、口頭試問の成績いかんによっては、自分の希望する学校とか、会社に入れなくなる。そういうことを考えると、口頭試問のときの面接技術は、あなたの運命のカギを握るともいえるわけである。

しかし、すでにアガラずに話ができる能力の基礎を身につけたあなたは、もう今までのあなたと違い、面接何するものぞ、という自信が、フツフツと胸にたぎっていることと思う。そういうことから、気楽な気持で、口頭試問に臨むための話しかたの練習をしてほしい。

①面接計画を立てること。

面接の日取りがきまったら、その日までの練習計画をしっかりと立てる。こうした計画は、あなたにやる気を起こさせ、自信をもたらせてくれると同時に、能率的、効果的に能力を伸ばしてくれる。

②面接の際の質問事項の予想である。

これは、常識的に考えればすぐわかる。たとえば、「あなたの趣味は」とか、「あなたがこの学校（会社）を選んだ動機は何ですか」などというようなもの。そういうことで考えられる事柄は、できるだけ多く予想したほうがよい。

③「ロールプレイング（役割演技法）」を行う。

これは、家族の人とか、先生などにお願いして試験官になってもらい、予想される質問をしてもらうのである。そうして、それに対して、あなたの考えていること、知っていることを答えるやりかたである。

そういう人がいなかったり、ほかにもっと勉強しておきたいというときは、**「シャドウプレイング（映像演技法）」で練習をする。**

これは、あたかもその試験官がいるかのようなイメージを描き、そのイメージ上の試験官に対して、返事をするやりかたである。

そうすればあなたは、当日の面接に対して驚くほど自信がつく。それは、質問の答えがわかっているから、というような意味ではない。場合によっては、けいこをした質問は、一つも出ないかもしれない。

しかし、練習することによって、あなたの自己像はだんだんと変化してくる。あなたは、想像上の試験官と、対等に堂々と話し合いができるという自己像に変わってくるのである。したがって、たとえ予想した質問が出なくても、当意即妙、アドリブをまじえた応答が、無意識のうちにできるようになる。

なお、予想される質問についての答えは、演技の練習をする前に、どう答えるかということをある程度考え、応酬話法的に覚えておくことも必要である。しかしまた、そのことにあまり神経質にこだわることは避けてほしい。

●就職面接を必ず成功させる六つの秘訣

就職面接は、自分の生涯を託するという意義がある。したがって、事前に十分な調査をしておく必要がある。手に入る企業の資料類はもちろん、その企業で働いている先輩、知人などからも、生きた情報をできるだけ多く手に入れるようにすることだ。

もしそういう人が一人もいなかったらどうするか。そのときは、退社時に会社の入口に立っていて、そこから出てくる人たちのうち、「この人は」と思う人に声をかけてみよう。そのとき、感じよく質問に応じてくれたらその会社は見込みがある。だが、声をかけても、だれも応えてくれなかったら選択を考え直したほうがいい。

会社の選択は一生の問題だ。そのくらいのことをするのは当然のことである。ところで、企業側としてはどういう人材を求めているのだろうか。これについて、日本リクルートセンターが調べたデータがある。その主なものを優先順にみると、

(1)自発性・積極性に富む　(2)自己啓発、向上意欲が強い　(3)辛抱強い　(4)仕事に対する旺

盛な好奇心　(5)責任感が強い　(6)自立心が強い　(7)健康で剛健である　(8)協調性がある

となっている。

これらのことから考えて、面接の際、不利になる条件の見当がつくと思う。つまり、

- **第一印象が暗い感じの人**
- **はきはきとした応対ができない人**
- **あいさつ、返事、おじぎなどがきちんとできない人**
- **終始うつむいて、試験官の顔がみられない人**

など、アガリに関係のある態度をとる人である。

事前の準備ができたら、次はいよいよ本番である。あなたの面接官は百戦練磨の士、わずかな時間で、あなたの人柄や能力までも見抜いてしまう眼力の持ち主である。そこで次に、面接の際の心得のなかで、特に気をつけたほうがいいものをあげよう。

(一) 第一印象をよくする

〝初めよければすべてよし〟という。面接では第一印象が肝心、これがよくないと、まず合格は望めまい。したがって、服装、身だしなみには特に気をつけよう。個人の好みを強調するのではなく、相手側が好感を持つようなものを考えることだ。

(二) 自分の売りこみかたを考える

限られた面接時間のなかで、自分をどういうふうに売りこむかを考えるのだ。相手の質問の意図を正確につかみ、それに対して、自分なりの考えを述べるようにする。ただし、しゃべりすぎないようにすることだ。

(三) 基本的なマナーを心得ておく

ドアのノックのしかた、部屋に入ってからの会釈のしかた、いすの座りかたなどが、いい加減な人が多い。そういう人は、〝一事が万事〟という誤解を与える恐れがある。こうした基本的態度は、ふだんからきちんと身につけておき、こういうとき、自然に感じよくふるまえるようにしたいものである。

(四) 自分や家族の呼びかたを正しくする

自分のことを「僕」というなどはもってのほか。一人称は「私」という謙譲語を使おう。

また、お父さんやお母さんのことは、当然「父」「母」というべきである。

㈤「はい」「いいえ」をはっきりいう

質問に対しては、まずこれをはっきりさせることだ。そのあとで理由を説明したほうが効果的である。また、質問に対しては、できるだけ簡潔に答えるようにしよう。

㈥わからないことは聞け

「何か質問は？」と聞かれて「何もありません」とだけ答えるのは感心しない。相手側の企業（学校）にどうしても入りたいということであれば、それなりの意欲、興味を示す態度をとることだ。その一つの方法が質問である。したがって、自分が聞きたいことは何でもいいから質問をするようにしよう。

以上のような点に気をつければ、面接でアガッて失敗するということはなくなる。

●方言で悩む必要はまったくない！

大都市へ就職する地方の若者のなかには、自分の方言が、都会育ちの仲間たちの失笑を買いはしないか、という不安を持ち、そのために話すのをためらったり、アガッたりする人がいる。

「若い根っこの会」の会長加藤日出男さんは、会を創立してから六十年近くになるそうだが、そのスタート当時、都会に出てくる若者たちの悩みは、一にも二にも方言の悩み、「言葉が通じない」「話し相手に笑われる」というものだった、といっている。

N君は、勤め先も住まいも東京である。そのN君は、年に何回か帰省をするが、ローカル線に乗り換えると、思わず赤面することがある。それは故郷の方言である。

標準語を使い慣れているN君は、「自分もこんなきたない言葉を使っていたのか」と思うのだ。もし職場や商談の場で同じ言葉を使ったら、と思うとそら恐ろしくなるという。

だが方言は、そんなに問題のある言葉だろうか。だいいち、「標準語」とはいったい何なのか。これは明治時代に上田万年という人が考えたといわれている。〝方言は悪いものだから将来は消滅する。だから標準語を作るべきだ〟というのがその根本精神だった。

しかしこの考えかたは間違っている。〝ふるさとの　なまり懐かし　停車場の　人混みの中に　そを聞きに行く〟という石川啄木の歌でもわかるように、方言にはいいがたい味がある。

表現力も豊かである。私の田舎では、着物を〝着つつある〟状態は「着よる」、〝着ている〟状態のことは「着とる」という。だが標準語では、そのどちらの状態も「着ている」という表現になってしまう。

あなたもアガラずに話すためには、方言コンプレックスを捨てることだ。要は、聞き手に意味がわからない言葉に気をつけるようにすればいいのである。

その点、東北出身のS君は、特別方言など気にしていない。セールスの際にも、平気で東北弁丸出しにし、堂々としゃべる。そのほうがお客も〝毛色〟の変わったセールスマンだといって喜んでくれるからだ、という。彼の場合は、方言をセールスポイントにしているわけだ。これは別に負け惜しみではなく、彼の本音であろう。

さきほどの加藤さんの話によると、現代の若者で、方言の悩みを語る人は、十人のうち一人いるかいないかということだ。

こうした激変ぶりの理由はいろいろある。国語学者によると、ＮＨＫのテレビドラマ「おはなはん」がヒットしたときの女主人公が、伊予弁丸出しのけなげな明るさで共感を呼んだ。それが、全国のお茶の間に方言を再認識させるきっかけになったということだ。

その後は、歌手が「オラは死んじまっただ」とか「なんばしよっとか」などと歌ったりするようになった。

さきほどの「若い根っこの会」でも、沖縄弁、東北弁が飛びかい、とても陽気だということである。したがってあなたも、方言を気にせず、自由に話すようにしようではないか。

三章　千人の前でも
ラクラク話せるこの秘訣

●アガらずに司会ができる法

「いやあ、すっかりアガッちゃってねえ……、大勢の人の前で話すのはどうも苦手だよ」

ある集会で司会役を務めたM氏は、散会後頭をかきながら仲間に愚痴をこぼした。

仲間の一人が、

「そんなことはありませんよ。うまかったじゃないですか」

と慰めたため、いくらか気をよくはしたものの、開会のときのアガリかたを思い出すと、やっぱり恥ずかしくなる。開会宣言のとき、完全にアガッてしまい、トンチンカンなことをしゃべってしまったからだ。


このM氏のような経験をした人は、案外いるもの、次にあげる女性もその一人である。

彼女は、同好クラブの役員をしていた。このクラブでは年に一回授賞式を催していたが、彼女は、そのときに賞状を渡す役に選ばれた。ところが、そのことが決定してからの彼女は、とたんにステージ・フライト（舞台負け）にかかってしまった。

彼女の役は、カードに書いた短い言葉を読み上げるだけのものだったが、アガリ症の彼女は、そのことでさえ、非常に重大なものに感じられたのだ。

それからの彼女は、すっかりまいってしまった。特に授賞式までの三日間は、ほとんどパニック状態だったという。霧のなかをさまよっているようで、何をしても手につかない。何を食べても、何をやっていても不安がじわじわと押し寄せてくる状態だった。

いよいよ式の当日がやってきた。そのときステージに上がった彼女は、自分の声が小さくて聞こえないのではないかと思い、どなるような大声を出した。

だが、実際にはそれがかえっていい効果を生み、恐れていたほどの極端なアガリは味わずにすんだという。

このように、自分がしなければならない行為についてよくわかっていると、かえって心の動揺が積もりつもるというようなこともあるわけだ。

このようなことにならないためにはどうするか。それは、アガリ防止の各種テクニックの習得のほかに、次のような司会・進行のパターンも練習し自信をつけておくことだ。

＜司会・進行の出だしのパターン＞

「たいへんお待たせいたしました。ただ今から○○会（式）を開催いたします。ではまず○○氏に、開会の辞をお願いいいたしたいと思います」

「次に、○○様にお祝いの言葉をお願いいいたします」

「同郷の皆さん、世話人を代表いたしまして、開会のごあいさつを申し上げます」

「ひと言ごあいさつを申し上げます。皆様もご承知のように……」

「初対面のかたもいらっしゃるようですので、これから皆様に自己紹介をしていただきたいと思います」

「恒例によりまして、これから新年の宴会を開催することにいたします」

「ただ今より、○○家・○○家ご両家の結婚披露宴を開かせていただきます。本日は皆様、お忙しいところを、このように多数のご出席をいただき、まことにありがとうございました。私は、きょうの司会をさせていただくことになっております○○でございます。新郎とは、同じ会社に勤めている同僚でございます」

「本日は、○○さんと、○○さんのおめでたいご結婚の日であります。希望に満ちて、この佳き日に、人生の新しい門出をするお二人のために、このように大勢のかたがたのご出席をいただきましたことを、厚くお礼申し上げます。私は、本日のご披露宴の司会を務めます○○でございます」

＜司会・進行の結び＞

「○○さんに閉会の辞をお願いしたいと存じます」

「ありがとうございました。皆様、お足元などにお気をつけくださいませ」

「よろしくお願い申し上げます。簡単ですが、閉会のごあいさつといたします」

「どうぞ、ごゆっくりご歓談くださいますよう、お願いいたします」

「皆さんのご健闘をお祈りいたします」

「本日は、私ども幹事が不慣れなため、行き届かぬところが多うございましたことをおわびいたします」

「ここで、全社員の、ことし一年の幸福を祝して乾杯をいたしたいと思います」

「お二人の仲をお取り持ちくださいましたご媒酌の○○様からごあいさつと新郎新婦のご紹介をいただきたいと存じます」

「それでは、お二人の仲人をしていただいております○○様から、新郎新婦のご紹介をお願いいたしたいと存じます。では、○○様、よろしくお願い申し上げます」

●講演のプロでさえこんなにアガルこともある

あなたが講演を頼まれて演壇に上がり、話をはじめたところ、どういうわけかアガッてしまい、予定の半分以下の時間で立ち往生してしまったとしたらどうだろう。しかも話の内容についての実力は十二分にあったとしたら……。実は、こうした事態が起きたことがあるのだ。

私が講師として招かれたある団体の講演会に、その業界のトップセールスマンである某氏もやはり講師として招かれていた。

その講師が登壇し、話をはじめたところ、しばらくすると、何となく様子が変なことに気づいた。論旨が不明瞭なうえ、話が行きつ戻りつという調子になった。しかも話のなかで、いわずもがなの弁解をあれこれとはじめる始末である。

自分でもことの重大さに気づいたその講師は、半ばにもならない時間に、とうとう話を中断し、壇を降りてしまった。こうした事実についぞお目にかかったことのない私は、まったく驚いてしまった。

この講師は、業界でその実力を高く評価され、トップセールスマンとしてつとに知られている人だ。そういう栄光の人のこと、自分の体験談、セールス技術の話、セールスマンシップについての話など、話題にはこと欠かないはずである。しかもかなりの講演歴もあると聞いている。その人が、予定の半分にも満たない時間で講演を中止してしまうという、さんたんたる結果になったのだ。

その前に私の「暗示販売法」というテーマの講演を聞いておられたその講師は、最後のことわりのなかで、

「どうやら坂上先生の暗示にかかったようです」

ということを、冗談めかしていっておられた。そうだとすると、私も罪つくりなことをしてしまったことになる。

だが、知名度の高いトップセールスマンでも、ときにはアガルこともあるのだという事実を知った私は、アガリという問題を、あらためて考えさせられたものだ。

アガッてしまうと、実力の半分も出せないことがある。考えてみると、これは重大な問題である。私はこの場での事実から、そのことを強く感じた。

●スピーチで絶対アガラない法

人前でスピーチをするとき、まったくアガラない人はあまりいない。大抵の人は、大なり小なりアガルもの、問題はその度合いである。

少々のアガリなら、聞き手に、熱意や積極性などのプラスイメージを与えるため、かえって効果的である。だが、これが極端になると、いうところの〝スピーチ恐怖症〟、本物のアガリ状態になる。

こうした結果を招くのは、次のようなことが原因である。

・話し手の能力が低く、内容についての知識が乏しいとき
・天候不順などで気分的にすぐれないとき
・聞き手の反対や敵対感が予想されるとき
・個人的な悩みごとがあるとき
・聞き手の地位や年齢が高いとき
・話の準備がたりないとき
・服装、身だしなみに問題があるとき
・聞き手が初めて会う人たちのとき
・用意していた資料を忘れてきたとき
・前後にうまい話し手がいるとき
・責任のあるスピーチをするとき

・聞き手が大ぜいいるとき
・広い会場、デラックスな会場、あらたまった式場などで話すとき
・会場の設備や環境が非常に悪いとき
・話すことへの情熱が失われたとき
などである。

しかし、これらのアガリ癖は、遺伝でもなければ絶対に変えようのない性質でもない。したがって、本章でこれから述べていく数々の方法を身につけ、考えかたを変えていけば、必ず治るものだ。

まず、スピーチでアガラないためのプラス観念について述べると次のようになる。
・話すことに最善を尽くす
・イメージ強化法を応用する
・積極的にスピーチの経験を積む
・完璧を求めず、適応主義でいく

・他人のことを気にしない
・聞き手に好かれるように心がける
・赤くなるのは純心な証拠と考える
・発声練習・朗読練習法を実行する

などである。

以上は、アガラずにスピーチするための基本的心構えであるが、これをもとに「統一法」と併用した実習をすれば、あなたは千人の聴衆の前でも、堂々と話せるようになるはずだ。

●スピーチ成功計画表の驚くべき効果

〝**準備なくしてスピーチなし**〟——これは、私の信条である。準備をしないで話をするのは、武器を持たないで戦場に赴くようなもの。とても勝ち目はない。

どんなに話の場数を踏んでいる人でも、もし準備を怠ってスピーチの場に臨んだら、決して聞き手を満足させるような話はできない。本人は成功したと思っても、客観的には、失敗をしているケースが多い。

準備を綿密にしておけば、その場でアガルことはまれである。内容も充実しているため、自信を持って話ができるからだ。したがって聞き手も、そういう態度に感化され、話の内容、話し手に対して満足する。

では、どんな準備をするか。

それは、**「スピーチ成功計画表」**を作ることだ。これは、私がスピーチの指導をするときに使っているものだが、趣旨がわかれば、手帳で代用してもいい。要は、こういう計画に基づいて練習をするのが大事なのである。

次に、その要領を説明しよう。

いつ、どこで、何のスピーチをするのか、ということが決まったら、表のなかの月日欄に、その日を書きこむ。

以下、逆算をして、それまでに要する日数と、その月日・曜日を記入する。

日数は、最低一週間はほしい。もちろん、それよりも多ければそれに越したことはない。

まずはじめに、スピーチのテーマを書く。

月日の次の欄には、具体的方法つまり毎日の練習内容を書きこむ。

仮に、期間を一週間とすると、一日目には関係のある資料を集める。

二日目には、話の組み立てをする。

三日目には、その原稿を見ながら、何回か話をしてみる。

四日目には、原稿なしで話してみる。そのとき、その話を音源に吹きこんでおくとなおよい。

そして五日目には、その音声を聞きながら、さらに練習を重ねる。

このようにして練習を積んだら、六日目には、できれば家の人か友人に、その話しぶりを聞いてもらい、率直な批判をしてもらう。

このようにして七日目を迎えれば、その日は最後の仕上げをするだけですむ。

このようにして、八日目の本番に臨めば、もう問題はない。〝人事を尽くして天命を待つ〟で、一つ一つのテクニックにはこだわらず、〝全身全霊聞き手のために〟……の信念で、思いのままに話をすることだ。そうすれば、必ず聞き手に好感を与える話ができる。

なお、練習後の成果や反省事項も記入しておこう。そのほかにも、何か記録しておいたほうがよいと思うことは適宜記入しておく。

これは、あくまでも標準的な計画の立てかたである。準備期間は、一週間のときもあるが、三日しかないときもある。そういうときには、それなりの計画を立てることだ。どんな場合でも、準備をしないでスピーチの場に臨むことだけは、絶対にしないよう心がけよう。

●会場は事前に調べておこう

私は講演を頼まれたとき、必ず会場の下見をしている。それを怠って会場に入り、壇上に上がると、アガリやすいからだ。

環境が人の心に与える暗示効果は、ばかにならない。厳粛な式場へ入ると、気持がひとりでに引き締まってくる。自分の運命を左右する試験場などの環境に臨むと、大抵の人は、緊張感で心臓の鼓動が激しくなる。また尿意などもふだんとは比較にならないほどひんぱんに催すものである。

俳優とか音楽家などのプロでも、ステージに上がるとアガッてしまい、セリフをとちったり、十分に歌えなかったりすることもあるという。これらは、観客聴衆がたくさんいるということもあろうが、やはり大きな原因は、ステージという環境の暗示性によるものである。

このように、環境が原因でアガッてしまうケースは案外多いものだ。私自身、かつては、こういう環境暗示の影響で、アガリを味わったこともあった。それは、社内の会議室で講演をするときと、どこかの講堂で講演をするときの心理的変化である。

同じ人を対象に毎月教育をしているときは、アガリはほとんど感じられない。ところが、ある業界の全国大会で講演をするようなときには、りっぱな大講堂で、千五百人ぐらいの聴衆が相手である。こういう環境の変化があると、アガリの状態もかなり違ってくる。もちろんこれは、その会合の内容によっても変わってくるのは当然のことである。

こういうアガリかたも、心がけしだいでは、かなり防ぐことができる。それは、事前に会場の下見をし、不備な点があったら、担当者にそのことを告げ、整備してもらうようにする。たとえば黒板が必要なとき、それが用意されてなかったら、準備させるようにすることなどだ。

さらに、後で述べるイメージ強化法を使って環境暗示から抜け出すなどの方法を使えば、アガリは完全になくすことができる。

●披露宴のスピーチを難なくこなす法

結婚披露宴であいさつをしてほしい、と指名された花嫁の友人が、恥ずかしそうにいすから立ち上がった。彼女は、司会者からマイクを渡されると、

「○○さん、おめでとうございます」

といったが、そのあとが出てこない。一分、二分……。会場には重苦しい空気が流れはじめた。そのことを意識すればするほど彼女は赤面する。しかし言葉は出てこない。とうとう彼女は半泣きの顔になって、いすに座ってしまった。

参会者は、なんともやりきれない気分になっただろうが、それよりも彼女自身は、それこそ死んでしまいたいほどの自己嫌悪に陥ったのではないだろうか。

彼女は、いきなり指名されたのではない。前もって友人の花嫁から、祝辞の依頼を受けていた。したがって事前に腹案は持っていた。だが本番の場ではアガッてしまい、それを思い出すことができなかったのだ。

私も、四十年も講演をしているが、壇上に立つと、どうしてもある程度はアガッてしまう。ただそれを自分では意識しているが、聞き手にそれとわかるほどのアガリかたではないというだけだ。

彼女のような場合、どうすればアガリをなくすことができるだろうか。それは、もしも用意した言葉を忘れたのなら、

「○○さん、ご結婚おめでとうございます。どうかお幸せに……」

だけでもいいのだ。それを無理に思い出そうとするから、かえってアガッてしまうのだ。

また、ふだんの用意としては、アガラないで話せるのならこれだけのことをいおう、という最大限のあいさつと、もしもアガッたときは、これだけ話そうという最小限の話の二つを用意しておくとよい。そうすると、仮にアガッても、最小限の話ができるという自信から、かえってアガラずに話すことができるものだ。

司会者からマイクを受け取ったときは、すぐに話しはじめないほうがよい。十秒ぐらいの間をおいて話しはじめたほうがアガリにくい。

また、話の途中でも、少し間を取ったほうがいい。そうすれば聞き手も感じよく聞くことができ、アガリを感じさせずにすむ。

●自己紹介で失敗しないこのキメ手

私は、各社の新入社員教育を頼まれることが多いが、そのとき彼らに、必ず自己紹介をさせることにしている。ところが驚いたことに、満足な自己紹介のできる人が非常に少ない。あまりにも自己流の話しかたをしていたり、そういう場に慣れないためアガッてしまって、自己紹介の態をなしていない人が多いのだ。

自己紹介の目的は、相手に自分のことをよく知ってもらい、それを機会に、親しくつき合ってもらうことにある。そのためには、聞き手に「この人は信頼できそうだ」とか「明るく親しみの持てそうな人だ」というような気持を持ってもらうようにしなければならない。

それなのに、ただ「何野何男です」式の味もそっけもないようないいかたをしたのでは、聞き手は信頼も親しみもわかない。

なかには、名前を略して姓だけを名のる無精者もいるが、いくら時間的な制約があるとはいっても、これでは目的を達することはできない。

では次に、自己紹介の典型的なスタイルをあげてみよう。頭のなかにしっかりこのパターンを刻みこんでおき、六章で述べる「プラスカン」や「イメージ強化法」を併用すれば、どんなケースでもアガルことはない。

〈自己紹介の基本的な型〉

(1) 前置き　①氏名　②現在の職務または立場（学生・主婦など）

(2) 内容　①略歴　②職務または立場上の経験　③趣味・特技など

(3) 結び　（適当な終わりの一言）

である。ただし、これは固定的なものではない。名前・年齢・学歴・出身校・職業・地位・出身地・家族構成・趣味・特技・現況などのなかから、その場にふさわしいものだけを選んで話せばよいのだ。

なお、自己紹介の際には、次のような点を特に気をつけるようにしよう。

〈自己紹介の心得〉

① あまり長々と話さない。特に、大勢で自己紹介をするときには気をつける。
② 明るく落ち着いた声で話す。
③ 聞いただけでわかりにくい氏名は、適当に補足説明をする。
④ 姓名・出身地などは、聞き手の知らないものに結びつけない。
⑤ 学歴・出身校などの自慢話をしない。
⑥ 業務内容などを、詳しく話しすぎない。
⑦ 家族とか自分の趣味などを自慢しない。

●カラオケ恐怖症はこれで治る！

社員旅行・忘年会・新年会などの宴会の場に必ず登場するのが、カラオケである。ところが参加者のなかには〝宴会恐怖症〟といわれる人、つまり〝カラオケ恐怖症〟の人がよくいる。

カラオケの好きな人は、「何というもったいないことをいうのか？」といぶかるかもしれない。また、そういう人でなくても、「たかがカラオケぐらい、どうということはないではないか」などと思うだろう。だが本人にしてみると、それが深刻な悩みなのだ。なかにはそれが原因で、宴会を欠席する人さえいる。

こういう人は、どうしたらいいだろうか。

某社の経理部勤務のMさんも、こうした〝カラオケ恐怖症〟の一人だった。カラオケを歌うぐらいなら死んだほうがいい、とまで思いこんでいたのである。

何せ、舞台に立っただけで足がガクガクし、前奏がはじまると、とたんに呼吸が苦しくなり、あとは何が何だかわからないような状態になるというのだから、その程度も推して知るべしである。

そのMさんが、今ではどんな場所でも、アガラずに堂々と歌えるようになった。何が彼をそうさせたのか。それはカラオケCDによる練習のたまものだったのだ。

宴会のたびに嫌な気持を味わっていたMさんは、思い切って楽器店に行き、カラオケCDを購入して帰り、練習をはじめた。

比較的歌いやすい曲を選び、それだけを熱心に練習した。曲を覚えるのに二日かかったが、何日か練習しているうちに、何とか音程、リズムに乗ることができるようになった。

それに勢いを得て、あとは、コブシやメリハリを工夫した。

このように、準備おさおさ怠りなく練習をしたため、段々と自信がついてきた。したがって宴会当日、突然の指名にも憶せず、舞台に上がって堂々と歌うことができたのだ。

それを聴いたみんなは、あまりの変身ぶりに、驚くやら感心するやらで、しばし拍手が鳴り止まなかったということである。

「自分は生まれつきの音痴、人前で歌など歌えるわけがない」と信じこんでいたMさんだ。ところが練習をしてみると、まんざらでもなかった。ステージで歌ったところ、みんなから絶賛された。そのことに自信を得たMさんは、それからも次々とレパートリーを増やし、今や社内でも貴重な存在になっている。

一般に、アガッているときは、いくら歌っても声はうわずり、体がスムーズには動かない。堅くなっているからだ。そういうときは、肩の力を抜いてリズムをとるとよい。曲は自分の好きなもので、たとえば四分の四拍子なら、両足で、左、左、右、右というようにリズムをとる。

あるいはまた心のなかで一、二、三、四というようにリズムをとり、体に覚えこませよう。そうするとアガリはかなり少なくなる。

目線は、水平よりやや上あたりの高さで、正面の壁をみる感じがよい。また焦点を外し気味にすると、気持が安定するうえ、歌の世界にも入りやすい。

それでもアガル人は、目をつぶって歌えばいい。自分だけの世界に入りこむのだ。そういう体験を繰り返しているうちに、だんだんと歌に自信がつくため、アガリも少なくなる。ぜひ試してみてほしい。

本来、歌の下手な人はそんなにいるものではない。ただ、下手だというマイナス観念のため練習をしない。それがもとになって、ほんとうに下手になってしまうケースがあるということだ。

別に、プロの歌手になるわけではない。仲間と楽しく歌いあう程度のこと。その程度の歌なら、だれにでも歌えるはずだというプラス観念を持つことである。

●相手の「裸の姿」をつかめばアガラずにすむ

学校の教師といえば、話すことが主な仕事である。したがって、児童、生徒の前では、自分の専門知識を堂々と話してきかせている。だが、いつでも、どこでも、だれに対しても話し上手か、というとそうではない人もいる。

私の知っているA氏は、現在小学校の教師をしている。その先生は、身長、体重とも衆にすぐれ、堂々たるかっぷくの持ち主。偉丈夫といっていい体格の持ち主だ。

また、児童に対しては非常に話し上手、という定評がある。

ところが、この先生がPTAの会合とか父母会などで話をするときは、まったく別人のような変わりようなのだ。話しはじめは、声がうわずってしまい、言葉もスムーズには出てこないありさまである。

したがって、いいたいことの半分もいえず、聞き手に十分な満足を与えることができない。父兄も、何となく頼りない感じを持ち、不満に思うのである。

児童に対しては、よどみなく、上手な話ができるのに、大人相手の話はなぜうまくできないのか。

それは、毎日のように接して気心が知れている児童たちに対しては、決してアガルことはない、という信念を持っているからだ。だが、父兄に対しては、それだけの自信がない。彼らのなかには、自分よりもすぐれた能力の者もいる。社会的地位にしても、小学校の教師よりも高く評価されている父親はいくらでもいる。

そういうことを考えると、場合によってはコンプレックスも生じることがある。したがって、「こんなことをいったら、ばかにされるのではないだろうか?」というような取り越し苦労をする。そうなると、ひとりでにアガリの現象が起きるわけだ。

それにしても、こういう状態が続いたのでは問題である。いつまでもコンプレックスを持ち続けなければならない。そういうことでは、楽しかるべき教師生活も、暗い人生になりかねない。

これは何とかしなければならない問題であると考えたA氏は、私のところへ相談に来た。

そこで私は次のようなことを話した。


われわれは、ナントカ長という肩書きを聞くと、何らかのイメージを持つ。しかし、肩書きと、本人の人間性や能力とは、およそ似ても似つかない関係があることもある。

たとえば、社長という肩書きだが、従業員を一人使っている会社でも、社長は社長である。しかし、その社長よりも、人間性や能力においてすぐれている他社の主任や係長などもいるのだ。

また、同じ部長、課長といっても、実際には、個性的魅力や能力などは千差万別、ピンからキリまである。それを、ある特定のイメージを勝手に描き、その肩書きで相手を判断することは、どんなにナンセンスかわからない。

これは何も会社だけではない。代議士、医者、大学教授など、いろいろな肩書きを持ってる人たちがいる。しかし、これらについても同じことがいえる。つまり、肩書きがその人の人間性や能力を保証するものではないということだ。


したがって、人を評価するときは、裸の相手をみることが必要だ。身分の高い人であろうとなかろうと、風呂に入ればみな裸、違うものは体つきだけなのだ。こういう見方をすると、相手のほんとうの個性、能力がわかろうというものである。

人をみれば、やれ肩書きがどうの、家柄がどうのという付随的な問題で暗示にかかることはない。

したがって、プロの教師としてのプライドを持って接すれば、父兄にコンプレックスを持つことはない。「王侯の前におじず、しもべに伍して誇らず」の精神でいってはどうだろう。

こんな話をしたらA氏も納得してくれ、それからは、プラス思考をするようになったため、アガルことはなくなったということである。

●話しかたの練習には鏡を使え

話しかたの練習をするのに、最もよいのは鏡である。私は、家の玄関にある等身大の鏡に向かって話をしている。そうすると「己が姿の醜さに……」ではないが、自分の欠点・短所がよくわかる。

たとえば姿勢である。姿勢は、両足に平均して体重を乗せ、足も握りこぶし二つぐらいの間隔に開いて立つのがよいのだが、自分ではわからない。悪い癖が身についていると、大抵左右どちらかに傾いていることがある。鏡に向かうと、そういう癖も即座に発見できる。

顔の表情にしてもそうだ。自分の表情は、他人にはわかるが、自分ではわかりにくい。感じのよい表情であればいいが、固くなっていたり、暗い表情であったりすると、聞き手に不快感を与えてしまう。育ちのよくない私などは、特に注意をしている。その点でも、鏡は実にありがたい。

次は服装。これは実際に話をするときに鏡に向かうようにしている。講演の前に会場のトイレに行き、用をたしたあと、手洗所の鏡に向かって、服装点検をする。ネクタイがゆるんだり、曲ったりしていないか、ボタンはきちんとかかっているか……などを鏡に映してみる。

鏡に向かって観察する事柄には、ゼスチュアがある。話しかたの補助的手段としてのゼスチュアは、非常に大事な役割を果たしてくれる。そのゼスチュアが、聞き手にどういう感じを与えるかは、話しているときはわからない。自分ではみえないからだ。ところが、そのゼスチュアを、鏡に向かってやってみると、オーバーな感じ、不必要なゼスチュア、熱意のないゼスチュアなど、それぞれのものが一目瞭然となる。

毎日、こうしたことを鏡に向かってやっていると、やがてそれが潜在意識のなかに定着し、そのうち鏡に向かわなくても、ひとりでにその姿・服装・表情などがイメージとして浮かんでくるようになる。それは、テレビに映っている自分をみるような感じである。そうなればしめたもの。もう鏡に向かわなくてもよくなる。

ただし、新しいテーマの話をしたりするときは、やはり鏡に向かって練習をしたほうがよい。それは、いままで体験をしていないため、イメージが浮かびにくいからだ。それを繰り返し、新しいイメージづけができるようになれば、それで鏡とはおさらば、ということになる。

鏡に向かっての練習は、非常に効果がある。ところが、これを実行している人はあまり多くない。せっかく鏡があり、しかも特別な時間や労力を必要とするわけでもないのに、なぜ実行しないのか。

このことについてあるとき、話しかたを指導した人たちに聞いてみたことがある。すると、ほとんどの人が「何となく照れくさい」といっていた。これは私もわかる。

やはり最初のころは、私も照れくさかった。また「何も、こんなことまでして話しかたの勉強をしなくても……」という、自己批判めいた気持になったことも事実である。

しかし、そうした心理的抵抗をはねのけて、私なりに努力をしたことは、決してむだではなかった、というのが今の実感である。

四章　「一人きりの勝負」にゼッタイ勝つ法

●アガルと心臓にまで悪影響がでる！

私が尊敬している人に、精神身体医学の大家、成冨武章博士がいる。この先生がまだ学生のころの話である。

先生の家の近くに、絶世の美人が住んでいた。近所のこととて、道端で会えば天気の話ぐらいはしていたが、そのうちにだんだん彼女に恋心を抱くようになった。〝会えば悩まし、会わねば悲し〟という心境になったのだ。

しかし先生の父親は、昔かたぎの軍人だった。女性の話でもしようものなら、大目玉どころか、まかり間違うと勘当もされかねない堅物《かたぶつ》であった。

しかも、箱入り息子の先生は、生来内気な性分、とても彼女に想いを打ち明ける勇気はなかった。そうこうしているうち、彼女はどこかへ嫁いでしまった。

ところがそれから半年ぐらいたったころ、先生の脈が、五つ打っては止まり、三つ打っては止まる、つまり結滞しはじめたのだ。最初のころは「けったいなこともあるものだ」と、のん気に構えていた。だがそのうちに、心臓の付近が何となく切なくなってくるように思われだした。

心配した先生は、さっそく大学病院に行って診察を受けると、「これは単なる不整脈の一種で、期外収縮というものだから大したことはない。心配せずに気にしないでいれば治る」といわれ、薬を一錠くれて、あっさりと片づけられてしまった。しかし、脈の結滞はなかなか治りそうもなかった。

心配をしながら、薬を飲んだり、心臓病の本を読んで調べてみたり、森田式神経療法を一人で実行しながら勉強を続けていた。すると、また半年もたったころ、この「けったいな」症状はいつの間にかなくなってしまった。

こうした脈の結滞が起きた原因は何か。それは、彼女に対していいたいことを何一つ言えないでいたために、結局恋を失ってしまった心のやるせなさ、自分のふがいなさを悔いる心の葛藤が原因であった。

心のもつれが長く続いている間に、緊張は頂点に達し、それがいちばん大切な器官である心臓血管系に作用して、心気昂進や結滞を起こしたのである。

心臓の働きと感情との間に密接な関係があることは、洋の東西を問わず、昔からいわれていることだ。


恋愛に限らず、アガリがもとで、いいたいことがいえないため、心臓にまで影響を及ぼすことが多いというのは、考えてみると怖いことでもある。

それよりも、いいたいことがいえなければ、相手に自分の気持を伝えることができないため、あらぬ誤解を招き、物心両面の損失を被ることも少なくない。したがって、人と話をするときに、いつでも、どこでも、だれとでも、アガラずに話せるということは大変に重要なことなのである。

●アガリの典型、訪問恐怖症

セールスマンにとって最も苦手なものは、訪問恐怖症というアガリである。特に新人セールスマンにとっては、一度は必ずかかるハシカのようなものだ。

しかしこの恐怖症も、やりかたしだいでたちまち治すことができる。またそれ以後は、どんなお客の所へ訪問しても、平気で気楽に、堂々と話ができるようになる。そのためにはまず、訪問恐怖症というアガリの実態を知ることだ。

われわれは不安な状態におかれると、心身両面にマイナスの影響が現れはじめる。われわれの心と体は、切り離すことのできない関係になっているからだ。そうしてこれらは、自分を取り巻く環境の影響に対して、ひとりでに適応する仕組みになっている。このことの例として、幽霊のようなものに対する反応がある。

子どもであれば、幽霊をある程度無条件に信じることもある。だが、大人は、それを非科学的なものとして否定する者が多い。しかしそれは意識段階でのことである。

口先ではどういい、意識ではどう思っていても、潜在意識のなかには、子どものころから植えつけられた幽霊のイメージ、それに対する自分自身の恐怖感などがあって、一つの自己像を作っている。したがって、夜、薄暗い墓地の前を通るときは、何となく気持の悪い感じになる。

したがって、もし本当に墓場の付近で幽霊のようなものに出くわしたら、その人は、怖くなって逃げ出したりすると思う。だが、そのような心身の変化は、意識的、合理的な判断をした結果の意志決定ではない。それは無意識的であり、またときには、それが適切な行為であることもありうる。

このように「怖い」という気持は、その人を、「逃げ出したい」という気持に誘いこむ。すると、その心が、走って逃げるという体の働きを適切に調整するのである。またそのためには、心臓の働きを速めたり、筋肉を興奮させるための強力興奮剤アドレナリンを血液のなかに注ぎこむ。そうして、走り出す働きに直接関係のない体の働きは、すべて活動中止の指令が流される。

その結果、胃腸の働きはストップし、使えるだけの血液は、全部筋肉のほうへ送られる。呼吸も早くなり、筋肉に対して、今までの何倍もの酸素が送りこまれることになる。

アガル現象も、そういう条件が外にあるのではなく、自分自身が描いたイメージとマイナス観念に支配されているのだ。そうしてこれは、訪問恐怖症の場合にも、そのままあてはまる原理である。

つまり、セールスマンの心のなかに、お客から断られるときのイメージが描かれると、自分のみじめな姿を連想し、ついつい恐れたりアガルことになるのである。

●訪問嫌いはこれで完全に治せる!

では、どんなことが原因で訪問恐怖症にかかるのか。そのことについて、もっと具体的に考えてみよう。

＜訪問恐怖症の原因＞

・商品の知識、効用性、販売技術、販売話術など、セールスマンとしての基本的な能力が足りないとき、あるいは足りないと自分を過少評価しているとき
・最初の訪問先で断られたとき
・見込み客の強い反対が予想され、またその結果についての不利な思い過ごしがあるとき
・訪問先の会社、または住居が、自分の会社や住居よりもかなりりっぱなとき
・見込み客の社会的地位や、学識、経験が、自分よりもかなりすぐれているとき
・営業成績がかんばしくなく、スランプに陥っているとき
・体の調子の悪いとき、あるいは個人的悩みがあるとき
・相手の忙しさを気にしすぎるとき
・仕事についての情熱が失われたとき
・その他

以上のようなことが訪問恐怖症の主な原因である。

では、これらの訪問恐怖症をなくすには、どうしたらよいか。次に、セールスマンに役立つ対策のあれこれをあげてみよう。

＜訪問恐怖症の治しかた＞

・精神的な不安はできるだけなくそう。そのためには、家庭における妻の役割も大きい。したがって、主婦の自覚と協力が必要である。

・準備なくして訪問なし――訪問には事前の準備を怠りなくすませておこう。

・セールス能力は自信のカギになる。セールスマンとしての実力を高めるためには、読書はもちろん、研究会、教育訓練、講習会などに積極的に参加する態度が望ましい。

・訪問先にはためらわずに飛びこめ。玄関先をウロウロと行き来したり、入口で片足をなかに入れ、片足がドアの外にあるようではお粗末だ。両足、全身を玄関に入れ、できるだけ大きな声で話をしよう。

・プラスイメージを描くための「イメージ強化法」（後述）を実施する。

あなたが、頭痛でどんなに苦しんでいても、その痛みを他人に代わってもらうことはできない。他人は同情してくれても、その悩みを代わるわけにはいかないのだ。

自分の心に描かれたマイナスイメージ。これが訪問恐怖症の元凶とわかったら、自分でそれを取り除く努力が必要である。

したがって、この症状の治療法は、あなたの心に、はっきりと、具体的に「プラスイメージ」を刻みつけることである。

●セールスに成功する面接のしかた

セールスマンのなかには、商品知識が豊富であり、好感を与える人柄でありながら、販売実績の上がらない人がいる。それは精神面にアガリなどのマイナス傾向があるからだ。したがって実績を上げたかったら、それらの問題を解決することが先決である。

ある教育映画のセールスマンは、非常に劣等感の強い男であった。そのため、自分よりも上の人の前に出ると、ものおじをしてしまい、オドオドしてしかたがなかった。ところが彼は、あるトリックを使って、みごとにこの劣等感を取り除き、アガリをなくしたのである。

そのトリックとは？

彼がこの仕事に就いたのは二十六歳のときである。仕事の内容は、大会社の販売部長を訪ね、教育映画を売って回ることであった。それらの部長に対して、会社の販売訓練強化の必要性を説き、そのための映画を売りこむわけである。

ところが彼は、デラックスなオフィスに通されると、とたんに気おくれがし、アガッてしまうのであった。

彼らは、決して冷たい態度をとるわけではない。むしろ好意的な態度で接してくれるのだ。しかし彼は、これらの人たちは、すべての面で自分よりもすぐれている大人物のように感じられてしかたがなかった。

したがって、まるで自分が子どものようにさえ感じられた。それに対して相手は、まるで巨人のように思えたのである。

だが、いつまでもこういうアガリ癖で接していたのでは、売りこみに成功することはできない。何とか解決しなければならないと真剣に考えた。

その結果、気がついたことがある。それは、自分と相手が逆の立場であるというイメージを描いてみたらどうか、ということであった。

それら重役を、ひざ小僧丸出しのズボンをはいた子どもだ、というイメージを描くのだ。試しにそれを実行してみるとうまくいった。ただ、そんな小さな子どもではイメージ化しにくいので、相手の年齢を、十五歳から二十歳ぐらい若いというイメージを描いた。

すると、まるで彼らが友達のように思え、たやすく話すことができた。

このようにして、いったん対等に話すことができるようになると、気分的にぐっと楽になり、それからは、彼の態度もすっかり変わって、アガリを感じなくなったということである。

●人から軽視されたらまず自分を見直すこと

あなたは、他人から軽くみられることはないだろうか。あなたが管理者であれば、部下から心からの尊敬の念をもってみられているだろうか。日本生産性本部の、二十五歳から三十五歳までのビジネスマン三百七十五人を対象にした調査によると、上司である直属課長に対する評価は、次のようなものであった。

(1) 十分な能力がある(三〇%)
(2) ある面のエキスパートだが、管理者としては欠点が多い(五〇%)
(3) 上役の目、顔色をうかがうばかりで、能力ゼロに等しい(一〇%)
(4) その他(一〇%)

したがって、こういうことを感じている部下のなかには、その上司に対して、見下すような態度、軽くみる態度をとる者も出てくることがある。

他人から軽視されると、そのことに腹を立てたり、コンプレックスを感じたりする。いずれにしても、マイナスの精神状態になるため、なにかにつけて自信を失い、それが原因でアガリやすくなる。こういうことにならないためには、どういう態度をとればいいだろうか。

他人を見下すのは、上司が部下に対してであっても、決してほめたことではない。ましてや、部下が上司を軽くみるのは、ただならぬことである。

だが実際には、そういう態度をとる上司や同僚、部下もいる。そういう場合、軽視された本人は、どういう態度をとればいいのか。

一概に、それは無礼な態度だとなじっても問題は片づかない。したがってそういう場合には、その原因が、自分にあるのか、それとも相手にあるのかということをはっきりさせることだ。

相手から軽くみられるような人は、自分のことは棚に上げ、そのすべての責任は相手にあるという考えかたをしがちである。だが、もしも自分に問題があった場合、そういう態度では、問題は解決できず、かえって、ますます軽くみられるようになる。

したがって、相手が自分を軽くみているように感じたら、それは自分の主観なのか、それとも客観的な事実であるかを確かめることだ。そのためには、親しくしている同僚などに、それとなく相手の態度について聞いてみるのもいいだろう。

聞いた人も同じように、「彼はごう慢なところがある」という考えかたをしていれば、それは客観的事実と考えたほうがよい。そうしてそれは、特別自分に原因があるのではなく、彼自身の人間的欠陥によるものだから、神経質になることはない。

だが、その態度が自分だけに向けられているとしたら、そのことについては、自己反省をする必要がある。

一般には、仲よくし、尊敬されなければならない立場の人たちが、なぜ相手から軽くみられるのか。そういう態度の相手にも問題はあるが、そのような評価をされる人にも問題はある。それは一般的には、人間的魅力に乏しいとか、能力に問題があるというような理由が多い。

そのことについて反省をする人であれば、やがて問題は解決する。自分なりに、そういう欠点を改善しようと努力するからだ。

ところがそういう人は、得てして、そのことを認めようとしない傾向がある。したがって管理者であれば、部下に対して、〝虎の威を借る狐〟で、自分の肩書きをひけらかし、権力でそれに従わせようとしたり、ときには、嫌がらせ、村八分的な態度をとってうっぷんを晴らそうとしたりする。だが、そういう態度が露骨になればなるほど、その部下も感情的になり、ますます軽くみるような態度をとるようになる。

こうした問題を解決するには、まず自分自身を冷静にみつめることだ。そうして相手に好かれない態度があれば、それを改めるようにする。能力不足の点はそれを補うようにする。相手の立場に立って、誠心誠意、その人のために尽くす、などの行為をとることだ。

そうすれば相手も、やがては自分の態度について反省し、軽くみるようなことはしなくなる。そのことを信じ、そういう謙虚な態度をとるようにしよう。

●自分から話せない悩みはこれで解消！

ある会社のK氏は、五十歳近くなっても内気で悩んでいた。人が二人以上いるところに出ると、自分だけが粗末に扱われているような、親しみを持たれていないような感じになる。

もともと、小心、内気な彼は、人前で話をしたいのに自分から進んで話すことができない。したがって、ほかの人が楽しそうに話していても、黙ってぽつんとしているだけである。周囲の人たちが話せば話すほど、笑えば笑うほど、圧迫感、孤独感に陥り、その場にいるのが苦痛にさえ感じるのである。

小柄で声も小さいK氏は、まじめでおとなしいという印象は与えるが、話し合っていて楽しいというタイプではない。したがって、ほかの人から話しかけられることも少ない。

こういう経験を重ねているうちに、できるだけ人前には出ないようにしようという気持になってしまう。しかし反面、孤独感、寂しさからは抜け切れないという矛盾をも感じているのである。こういう場合、どういう処置のしかたがあるだろうか。

人前で話をするとアガルから話は嫌だ。しかし、人との交流は続けたい、という人は意外に多い。こういう人は、できるだけ話をしないで、しかも、人に好かれるような努力をすることだ。

わが国のビジネス社会では、内気な人、無口な人は損をすることが多い。つき合い下手の人の宿命であろう。だがそれは必ずしも決定的なことではない。

ペラペラと一人でまくし立てる人よりは、控え目な人のほうが好感をもたれる確率は高い。口数が少ない人は、ふるまいかたによっては、かえって人間的な重さや深みのある人、という評価を受けやすいのである。

だいいち、話し下手だからといって、相手を傷つけることはない。だが、その反対の場合には、往々にして人間関係を壊したりしかねない。

それよりも心配なことは、むしろ、自意識過剰と被害妄想である。つまり、相手がそれほど気にしていないことを、自分で勝手に想像し、ああでもない、こうでもない、というように被害妄想に陥ることのほうが問題なのである。

人と話していないと寂しい、というのは、だれにもある感情である。したがって、できるだけ多くの人と話すことはいいことだ。だが、どんなに多くの人と話をしても、相手に一〇〇パーセント理解されるということは、望んでも無理なこと。何十年連れ添った夫婦でさえ、相手のことを一〇〇パーセント理解しているとは限らない。したがって、そういう完全主義的なことは望まないようにすることだ。

人の話をよく聞く努力をすれば、それだけで人に好かれる。自分が話し下手であれば、できるだけ上手に、人の話を聞く努力をしよう。そうして、ときどき、気の利いた言葉を話のなかに入れるようにしよう。そうすれば、その人の存在はキラリと光ることになる。あまり自分が内気であるということにこだわらないことだ。

●他人への先入観をなくすのが第一

どんなにアガリ癖のある人でも、家族と話すときはアガラない。それは、気心の知れた血縁であるため、「アガルわけがない」という観念を持っているからだ。

これは家族だけではなく、友人、知人などでも同じである。したがって、アガリをなくす方法の一つとして人脈を広げるのは、たいへん効果的である。

ところであなたは、どのくらい人から好かれているだろうか。それを知りたかったら、次のようなことをやってみるとよい。

紙とペンを用意し、それにあなたが嫌いな人の名前を思い出すままに書き出してみる。全部書き終えたら、その人数を数えてみよう。

多かったか、少なかったか。実は、そこに書かれた人数は、あなたを嫌っている人の人数なのである。

これには一つの根拠がある。ある人が、大学生のグループを対象に、人の好き嫌いについての調査をした。これは、自分の嫌いな人の名前を短時間に書き出させる方法であった。学生たちは、それぞれに何人かの人の名前を書き出した。ところが、それらの大学生のなかで、いちばん多くの名前を書いた人を後で調べたところ、その学生は、いちばんの嫌われ者であったという事実が判明したのである。

職場での対人関係、セールスの場合の顧客に対する態度などで問題になるのは、好き嫌いの感情である。これらの対人関係で、すべての人を心から好きになれば、非常に好都合だ。どの相手からも好かれ、仕事もうまくいく。しかし、世のなかはそんなに甘くはない。「いやだ」「きらいだ」ということは、往々にしてあるものだ。

好き嫌いというものは、感情に支配されている。理屈で処理できるものではない。極端な場合には、みるのもいや、口をきくのも虫ずが走る、相手のことを考えただけでじんましんが出るということもある。したがって、嫌いな人を好きになるということは至難の技である。

それも一般の人間関係なら、〝去るを追わず来たるを拒まず〟自分が嫌いな相手、自分のことを嫌いな相手とは、つき合わなければいい。

だが、職場での対人関係、セールスにおける顧客との関係はそうはいかない。毎日顔を合わせている職場の人を、嫌いだからといって一日中顔をそむけているわけにはいかない。相手を嫌いだからといって、顧客とひと言も口をきかなかったらセールスはできない。そういうことを考えると、何が何でも相手を好きになるしか道はない。

なかには、それは自分にとって耐えられないと感じる人もいよう。そういう人は、どういう処置をとればいいのか。手っ取り早い方法としては、その職場、その仕事から離れることだ。事実、そういうことが原因で会社を辞める人もいる。

だが、それで問題がすべて解決するだろうか。転職をしたり、会社を替わったその職場に、嫌いな人は絶対にいないという保証があるのだろうか。もしも、その職場、その仕事先の相手に嫌いな人がいたらどうするのか。しかも、前よりもっと嫌いな人がいたらどうするつもりか。

そういうことを考えると、対人関係での好き嫌いは、何とか処理しなければならないことがわかるであろう。ではどういう方法でこれを処理すればいいのか。

これについて、決定的な方法をみつけ出すのは難しい。だが、プラス思考によってプラス観念を持つようにすれば、可能性は開けてくる。

ある人が、人間関係に成功している人に、

「あなたの成功の秘訣はなんですか」

とたずねた。するとその人は、

「私は、まず第一に、だれに対しても善意を持つようにしています。私のことを嫌う人は、私のことをよく知らないか、それとも私の考えを理解していないからです。それからもう一つ、だれかが私のことを批判したときには、私はそのとおり受け入れております」

と答えたという。

味わうべきプラス観念の言葉である。

●意中の人の前でアガラない法

私の知っているS君は、あるとき、行きつけの書店で読みたい本を探していた。すると、

「こんばんは」

という若い女性の声を聞いたので、思わず振り返った。

そこには、かねてから想いを寄せていた同じ会社のK子さんが立っている。しかもきれいな歯をみせてにっこり笑っているではないか。気の弱いS君は、それをみたとたんに心臓がドキドキと高鳴り、ほほは紅潮し、舌がもつれそうになって、何もいえなくなってしまった。やっとひと言、

「こんばんは」

といっただけで、ますます赤面してしまった。

彼にしてみると、こんなチャンスはまたとないかもしれない。したがって、彼女と雑談

をしたいし、できればその辺の喫茶店にでも誘いたいと思っている。だが、こんなにアガッていたのでは、彼女に変に思われたり、軽べつされるかもしれない。できればアガッていることを彼女に知られたくない、と思って努力をするのだが、そういうことをすればするほど、かえってアガリがひどくなり、とうとう彼女を誘うことができなかった。

「さようなら」

彼女は行ってしまった。

こうした経験を持つ若者は結構多い。これは、思春期から青年期にかけて起きる男女の特徴である。では、なぜそうなるのか。それは、相手に対して自分をよくみせたいという欲求が原因である。相手が意中の人であった場合は特にそうだ。それは、そのことを特別強く意識するからだ。

このことからもわかるように、自己顕示欲の強い人ほどアガリやすいのである。その点若い人は自己顕示欲が強い。したがってアガリやすいわけである。

意中の人とアガラずに話せるようになるにはどうしたらいいか。とっさの場合の妙法はない。したがって、そういう際のチャンスに備えて、日頃から「イメージ法」でリハーサルをしておくことだ。

意中の人と、気楽に、いきいきと話をしている状態をできるだけ詳しくイメージに浮かべ、それが潜在意識に定着するまで続けよう。

そうすれば、とっさの場合でも、S君のような失態はまぬがれる。

このようにして、意中の人と初めてのデートに成功しても、なかには取り越し苦労をする人がいる。それは、「この人はもう一度会ってくれるだろうか」という悩みである。

しかし、こんなことを考えていたのでは、せっかくのデートの場でも十分に話をすることができなくなる。特に女性は、そういう考えにこり固まっていると、せっかくの魅力も半減してしまう。したがって、こういう取り越し苦労は一切しないようにすることだ。

考えてもみよう。相手があなたのことに魅力や好意を感じなかったら、デートを申しこんだり、それに応じたりするだろうか。どこか気に入ったところがあるからそうするのだ。

したがって相手は、すでにあなたに対して、好感を持っているのである。

心身共にリラックスし、相手との関係を心からエンジョイすればいいわけだ。こうしたことの積み重ねが、相手との関係をより深めることになり、愛情もますます深まるようになるのである。

●異性恐怖症はゼッタイ治すべし！

人前に出ると極端にアガリ、いても立ってもいられない性格の人がいる。しかもそれは、複数の人の前だけでなく、一対一でもアガルのだから気の毒である。

私たち夫婦が見合いの労をとったある女性がそうだった。女性はいつの時代にも、図々しいよりは控え目、おとなしいほうが好感をもたれる。そういう意味では彼女も、表面的には、プラスの感じを与える女性であった。

しかし彼女のそれは度を越していた。見合いの相手や付き添いの人の前に出ただけで顔が真っ赤になり、あいさつもろくろくできず、もじもじしているばかりなのだ。

したがって、相手からの話しかけ、質問に対しても、もじもじしながら、かすかな声で、「はい」「いいえ」の返事をするのが精一杯という状態であった。

適当な時間をみて、二人でどこか散歩でもしながら話をしては、ということで見合いの場である私の家から彼らを送り出した。二人は、男性が持っていたクルマで出かけた。その夜、男性、女性それぞれに返事があったが、残念ながら男性側から断りの返事を受けた。理由は、彼女を傷つけるようなことではなかったのだが私の察するところ、あまりにもおとなしすぎる彼女に物足りないということのようだった。

彼女のほうは相手を気に入ったのだが、そういうわけで婚約はまとまらなかった。その後も、何回か見合いの機会を設けたが、同じような理由で男性側に断られ、実らなかった。

このように、人前で極端にアガル人は、せっかくのチャンスを逃がし、理想の男性と結ばれなくなることもあるわけだ。

幸い彼女は、性格、能力ともにかなりよいものを持っていたため、彼女の本質を理解してくれる男性にめぐり逢い、結婚にゴールインすることができた。それも、本書で今までに述べたアガリをなくす法を実行したために、そうなれたのだ。もし今までのように、見合いの席上、ただ下を向いて黙りこくっているような状態だったら、その男性とも結ばれなかったかもしれない。

これと似たものに異性恐怖症もある。これは、異性の前に出ると、アガリをとおりこして恐怖心を持つ性格の人である。

こういう人は、相手が異性の場合、何か話しかけられてもアガッてオドオドする。自分の家に来たお客に対してもそういう態度に出るということで、ときにはお客に、「自分が来たことを迷惑がっているのでは？」と誤解されることもある。いずれにしても、アガリは決してプラスにはならないということである。

●受験の場でアガラずに成功する法

入学試験、入社試験、資格試験など、いろいろな理由で受験をする人は多い。これらの人の多くは、実力の有無にかかわらず、アガリを覚える。それが軽度のものであれば問題はない。だが、それが極端な場合には、成績にマイナスの影響を及ぼすことがある。したがって、平素からアガリをなくす努力をしておくことだ。

いうまでもないことだが、試験の際は、受験準備を十分にやった人と、いい加減な準備をした人とでは後者のほうがアガリやすい。

やるべきことをやった人は「人事を尽くし天命を待つ」の心境になれる。したがって、最初は多少アガッても、だんだんと冷静さを取り戻し、ふだんの実力を十分発揮することができる。だが準備不足の人は、そのことを後悔したりなどして、むだなエネルギーを消耗するため、受験そのものに精神を統一することがむずかしくなる。

しかし人によっては、実力があっても、実践の場でそれが十分に発揮できないことがある。力士仲間では、こういう人を〝けいこ場横綱〟といい、野球の選手の場合には〝ブルペンエース〟などといわれる。

受験の場合にもこういうことが起きる。それは、自分の実力を客観視できない人に多い。したがって、そういうことのないよう、事前にあらゆる対策を考えておくようにしよう。

母親のなかには、子どものアガリを心配するあまり、精神安定剤などを与える人がいる。しかし、こういうことは絶対にやってはいけない。仮にそのときは効果があったとしても、薬のみに頼ってアガリを治す、ということそのものが大変に間違った考えかたなのである。

受験問題の三分の二は、平素の努力の積み重ねがないとできない内容のものである。したがって、ふだんからの努力が最も大事なことはいうまでもないことだ。

また、当日使う鉛筆や消しゴムなどは新しい品ではなくて、前日まで使っていたもののほうがいい。洋服やシャツ、靴なども、新しいものを着用すると、何となく落ち着かない気持になりやすいので気をつけよう。こういうときは、ふだん着ているものを身につけたほうが精神が安定しやすいものだ。

当日、答案用紙が配られ、問題を解くときにも気をつけてほしいことがある。それは、最初から問題の順序に解いていかないことだ。

もしも最初から難解な問題にぶつかり、それにとらわれていると、制限時間のかなりを費やしてしまうため、せっかく解ける問題が他にあっても、時間切れで残されてしまうことになる。

またそれを気にすると、ますますアガリがひどくなる。

したがって、まずわかる問題から解きはじめ、それができてから難解な問題にとりかかるようにすることだ。

また、いきなり解答にとりかかるのも感心しない。限られた時間ではあるが、最初の一分ぐらいは深呼吸をして、手や肩の力を抜くようにしたほうが結果的には効果がある。

平素は、アガラずに受験をしているセルフ・イメージを描き、それを潜在意識に刻みつけるようにしよう。そうして当日は一分間の深呼吸で気持を落ち着かせよう。そうすればあなたは、アガリによるマイナスの結果を招くことはない。

●コンプレックスに悩まされずにすむ法

アガリの原因の大きな条件になっているものに、コンプレックスがある。私自身、かつてはコンプレックスに身をさいなまれ、話をするときに、どうしても自信が持てず、アガッてばかりいた。今私が知っているアガリ癖の人のなかにも、こういう人は多い。

大抵の人は、程度の差はあっても、コンプレックスという怪物に悩まされている。たとえば、財産があるので、それに対してのコンプレックスは持たないが、容ぼうなどに対して、激しいコンプレックスを感じている人がいる。

また、学歴はあっても仕事のできない人は、仕事の能力に対するコンプレックスがある。あるいはまた、体は丈夫でも、地位が低いためにコンプレックスを感じている人もいる。そうして、これらのコンプレックスを持っている人は、その点で自分よりもすぐれている人に対しては、特にアガリを感じる傾向がある。

ではコンプレックスは、劣っているという事実とか体験が原因で起きる感情なのだろうか。実は、ここのところがたいへん重要な意味を持つのである。

たとえば私だが、私の家柄、出身校、スポーツや語学の能力、あるいはまた財産など、何一つとして誇るべきものはない。私よりもすぐれた能力や豊かな財産、由緒ある家柄や経歴の人はたくさんいる。

しかし今の私は、そういうことでコンプレックスを感じてはいない。

ところが、私よりすぐれている人のなかにも、いろいろな点でコンプレックスに陥っている人がたくさんいる。これはいったいどうしたことだろう。

実は、コンプレックスは、劣っているという事実よりも、あることに対するその人の考えかたやイメージなどのほうが、大きな影響をもたらすのである。そうしてその多くは、他人を基準にして比較し、考えるという態度をとっているのである。

そのことに気づいた私は、自分の考えかたを変えることにした。

ほかの人を基準にしないで、自分自身を基準にする。そうして、今の自分をもとに、これからどう伸びていこうかとか、ある時点での自分を基準にして、成長した事実を知り満足する習慣をつけるようにした。その結果、コンプレックスは、クスリにしたくても味わえなくなった。

この原理は、アガリにも応用した。世間には話しかたのうまい人はたくさんいる。しかし、そういう人を基準にし、いちいち比べていたのではコンプレックスを持ちやすい。そこで私は、自分の能力をどうやって高めようとか、今のアガリの状態をどの程度軽くしようか、ということに心を用いた。そうして、その効果が現れると、そういう可能性を持っている自分に対して、ささやかなプライドを持ち、満足感を味わうという手段をとった。

あなたも、もしコンプレックスが強かったら、こういう方法を参考にしてはどうだろうか。必ず、大きな効果が現れるはずである。

●〝振り子理論〟でアガリを克服！

アガリ癖のある人のなかには、他人に比べて何らかのハンディキャップがあることが原因でそうなっている人がいる。だが、こうしたハンディキャップは、アガリの絶対的原因になるのだろうか。

私は、ハンディキャップと成功とは、振り子のようなものだと考えている。振り子は、垂直線を境にして、振れた側と同じ幅だけ反対側に振れる。その幅が大きければ大きく、小さければ小さいなりに、だ。

これをハンディキャップと成功に置き換えてみよう。ハンディ三〇％の人は成功率三〇％、五〇％の人は五〇％、そうして、一〇〇％近いハンディと思われるような人でも、考えかた、やりかたしだいでは、一〇〇％の成功をおさめることができる可能性がある。これが私のいう〝振り子理論〟である。

これは単なる机上の空論ではない。すでに述べたように、かつては極端なアガリに悩んだ人で、それをみごとに克服し、普通の人よりもすぐれた能力を発揮するようになった例は数多くある。アガリの原因である各種のハンディキャップを克服した人も数多くいる。

次にその一例を示そう。

・頼りない人という理由で、三人の娘から求婚を断わられた＝世界一の実業家ジョン・ロックフェラー

・自分が経営している会社の製鉄方法を知らなかった＝世界一の鉄鋼王アンドリュウ・カーネギー

・小学校一番ののろま男＝世界一の大科学者アルバート・アインシュタイン

・友人と話もできなかったほどのはにかみ屋＝世界一の皮肉屋バーナード・ショウ

・大学入試を三回もしくじった＝世界一の政治家ウインストン・チャーチル

・中学四年のときに学校を退学させられた＝評論家の大宅壮一氏

・中学を出るまぎわに卒業取り消し処分を受け、一年間を棒に振った＝旺文社社長赤尾好夫氏

・小学校時代、音楽の点数が最低だった＝作曲家の古賀政男氏
・中学五年のときの作文の成績は、ビリから三番目だった＝ノーベル文学賞作家の川端康成氏
・算数ができなかったために、中学の入試を失敗した＝大数学者の岡潔氏
・中学で二度落第し、一高の入試にも二度失敗した＝元総理大臣の石橋湛山氏

などなど、例をあげればいくらでもいる。これらのつまずきをした人が、誰でもひとりでに成功できるわけではない。しかし、自分の可能性を信じ、努力をすれば、必ず目的を達することができるはずである。

彼らの苦労、努力に比べれば、あなたが自分のアガリを克服することなど朝飯前、たかがアガリじゃないか、という考えかたでがんばろうではないか。

●アガリは健康状態にも左右されやすい

人はだれでも、体に異常があるとアガリやすい。そういうときは、刺激に対して神経過

敏になりやすいからだ。したがって、逆にちょっとした刺激でも、体に何らかの異常をきたしやすい。そうして、何かにつけて、そのことを気にするようになってくる。

こういう人は、人と話をするときでも、何かのはずみですぐ動悸が激しくなったりする。また、顔が赤くなったり、震えを起こしたりもする。そうすると、相手はもちろん、本人がこれをいちばん気にしはじめる。そうして、「自分は人の前で話すときにはアガッてしまうのだ」というマイナス観念にとりつかれてしまう。

私自身の経験から考えても、健康なときと、不健康なときとでは、アガリの傾向がずいぶん違っていた。私もかつて、体の弱さに悩まされていたことがあるが、そのころは、人の前で話すことが、たいへん苦痛であった。

それは、単に気分的なものだけではない。たとえば、話をするとき腹に力が入らない。そのために張りのある声が出ない。顔色がすぐれないため、聞き手に不愉快な感じを与える。したがって、そのことを気にすると、よけい心が重くなる。また、体が弱いときは、姿勢まで崩れてしまうものだ。

このように、体の弱い人は、いろいろな点でマイナスの傾向がある。したがって、一対一であれ、大勢の人の前であれ、人と話をするときには、どうしてもアガリ癖が出てしまうのである。

あなたも、もし体が丈夫でなかったら、何をさておいても、健康を回復するように努めてほしい。また、これと同じような理由で、体が疲れているときにも、アガリやすくなる。この点をもよくわきまえ、十分に健康管理を心がけてほしいものである。

●不眠症が治ればアガリも必ず治る！

アガリ癖の人のなかには、不眠症の人が意外に多い。不眠症にかかると、それが原因で余計にアガリの傾向が強まる、という悪循環を繰り返すことになりやすいのだ。そうしたことから考えても、アガリ症を治すためには、まず不眠症を解消する必要がある。

一口に不眠症といっても、種類や型はいろいろだ。寝つきがたいへんよくない人、寝つきはよいのだが、その後の眠りが浅く、いつまでもウトウトしている人、夢ばかりみているため、眠ったような気持になれない人、昼間ならよく眠れるが、夜はどうもよく寝つけないという夜行性動物のような人など、さまざまである。

不眠の原因もいろいろある。病気になると眠りにくくなる。病気ではなくても、外からの刺激が強いために眠れないこともある。寒い部屋、むし暑い夜、騒音が激しいときなどは、健康な人でも眠りにくいものだ。そのほか、神経症の場合なども眠れない人が多い。

ところで、ビジネスパーソンにとって大変都合の悪いのが、朝型とよばれる眠りの型だ。これは、寝つきが遅いために、朝起きるころになって深い眠りに落ちこむタイプである。したがって朝寝坊になり、無理やり起こされるため、どうしても睡眠不足のまま出勤することになる。そのため、一日中頭痛がする。頭が重い。やがて食欲不振になる。

しかも、そういうことがひとつの理由になって、「自分は寝つきが悪く不眠症なのだ」というマイナス観念にとりつかれる。そうすると、寝つきはますます悪くなる。床に入ってからも、あれこれと思いをめぐらし、なかなか寝つかれない。これが続くと、やがて完全な不眠症になってしまう。

これに比べて、宵型の人は、不眠症になる確率が低い。何かの理由で寝そびれ、眠りの浅いままウトウトしながら朝を迎えるようなことがあっても、大抵は一時的である。

ただし、こういう人でも、眠りが浅くて、夜中に何回も目を覚ます老人型の人は、眠ったという意識がないため、一晩中眠らなかったような錯覚を起こすことがある。そのため、「自分は不眠症なのだ」というマイナス観念を持つようになる。

このように不眠は、その実態と本人の観念の間に、かなりのズレがある。実際は健康に差し障りのない眠りをしている人でも、自分では「眠りが足りない、睡眠不足だ」というマイナス観念を持つことがある。こうした観念のズレは、かなり多くの人にみられる現象である。

また、よく夢をみる人がいる。こういう人のなかには「夢をみすぎるので、眠りはきっと浅いのだ」というマイナス観念を持つ人が多い。かつてはそういう考えがまかりとおっていた。

しかしこれは科学的には根拠がないということが、脳波の研究が進むにつれて解明された。かなり深い眠りであっても、夢はみる。したがって、夢と眠りの深さには因果関係はないということだ。

不眠症を治すには、不眠に対するマイナス観念をプラス観念に切り替えることだ。たとえば、「床に入ってから寝つくまでに一、二時間もかかる」と訴える人がいる。ところがその多くは、オーバーないいかたをしているのだ。これは、シカゴ大学の心理学者R・J・モンロー博士の研究によっても明らかな事実である。

その人たちは、実際には十五分ぐらいで眠っているのである。

睡眠の度合いにしてもそうだ。「自分は眠っていても睡眠度がたいへん浅い」ということを訴える。ところが、モンロー博士が脳波計で測ってみると、実際には、彼らのいっている睡眠の深さよりも、ずっと深く眠っていることも実証されている。

事実私も、ある患者から、「もう三ヵ月も眠っていないのです」と訴えられたことがある。

その人には悪いが、これは完全に非科学的なマイナス観念である。だいいち、そんなに寝ないで生きていける人は、人類史上いまだかつていなかったのだ。

不眠を解消するには、まず正しいプラス観念を持つことだ。不眠症のために死んだ人は、一人もいない。したがって、不眠など恐るるにたらず、という観念を強化すればよいのである。「眠れなければ、寝なければよいのだ」「眠りたくなるまで寝ないでおこう」、こういうプラス観念が持てるようになれば、不眠で悩まされることはなくなる。

それと同時に、寝る前には、感情を興奮させたり、不快になったりしないようにする。また、きょうの仕事をあしたに残すことは、できるだけ避けるようにしよう。「鳴くまで待とうほととぎす」。決してクヨクヨしないことだ。

五章　子どものアガリはこうしてなくなる！

アガリは子どものときから治すべし

●子どものアガリ度を測る心身テスト

子どものなかには、人前でアガリやすい子、それほどでもない子、だれとでも平気でつき合い、話ができる子どもがいる。アガリやすい子どもには、一般に神経質な傾向がある。また、そういう心理的なものの影響から、体の面でも問題のある子どもが多い。

そういうことから考えると、子どものアガリ癖をなくすには、まずその子の心や体の状態について、よく知っておく必要がある。そうして、問題のある子どもは、それら心身の治療を並行して実施していくようにしなければならない。

そこで次ページのチェック・リストを使うことをお勧めしたい。

〈子どもの体にかかわること〉

1　勉強や、いわれた仕事を楽しんでやろうとしない
2　何かをやっても、すぐにあきてしまう
3　勉強や仕事のスピードがはかどらない
4　ふつうの人が食べないものを食べる
5　寝つきが悪い
6　眠りが浅い
7　夢にうなされてびっくりして起きることがある
8　寝ぼけて歩き出したりする
9　突然起きて泣き出すことがある
10　心臓の鼓動が激しい
11　人の前で話すとき顔が赤くなる
12　便通が悪い
13　嫌なものを食べると、すぐにむかつく
14　ときどき頭が痛くなる
15　神経質なセキをする
16　呼吸がはやく、浅い
17　ひんぱんにまばたきをする
18　尿意をよく催し、寝小便をする
19　言葉づかいが不十分である
20　貧血症である

〈子どもの心にかかわること〉

1　いろいろなことに物忘れが多い
2　人のいうことを信じこみやすい
3　テレビでみたりしたことをすぐ真似する
4　いろいろなことに対して自信がない
5　暗い所をたいへん怖がる
6　気分がよく変わりやすい
7　陰気な感じがする
8　何でもないようなことを心配する
9　学校へ行きたがらない
10　意志が弱い
11　注意力が散漫である
12　たいへん怒りっぽい
13　家の人と口を聞きたがらない
14　集中して物事を考える力が弱い
15　好き嫌いのわがままをいう
16　生理的なものに強すぎる興味をもつ

この使いかたは、実に簡単である。子どもの心と体にかかわるそれぞれの項目を読み、その症状や傾向などであてはまるものがあれば、順次チェックしていく。あてはまる項目の数が、二つや三つぐらいであれば、とりたてて問題にすることはない。

しかし、十以上もあると、これは考えものである。ましてや、十五以上あると、その子は、かなり神経質な問題を抱えていることになる。

したがって、そういう子どもであれば、このあとにあげるようなことを心がけ、心身を強化するように指導していく必要がある。また、このテストをときどき実施し、アガリ癖が治る状態を確かめよう。

●子どもの心理をよく理解せよ

昔から「子をみれば親がわかる」とか、「子は親の鏡」などといわれている。これは、子どものアガリ癖についてもいえる。アガリ癖のある子は、ほとんどといっていいくらい親に原因がある。

したがって、子どものアガリ癖を治すには、まず親自身がアガリ癖のない人になっていなければならない。

親がアガリの激しい人であったら、子どものアガリ癖を治すことはたいへん難しい。とくに、母親にそういう傾向があると、治るものも治らなくなりやすい。これは、母親の教養とか財産などとは直接的な関係がない。それだけに、難しいともいえるものである。

これは母親のアガリ癖だけではない。母親や家族たちが、子どもの心理を理解せず、その原理に反するような態度をとったときにも、やはり子どもはアガリ癖がついてしまう。たとえば、子どもをやたらと怖がらせる人がいる。そうすると子どもは、いつの間にかアガリ癖がついてしまう。また、やたらと子どもの自尊心を傷つける人もいるが、これもアガリ癖をつけてしまうもとになる。そのほか、子どもの健康状態がすぐれないと、どうしてもアガリ癖がつきやすい。

そういうことを考えると、子どもがアガルかどうかのカギを握っているのは、家族、わけてもその子どもを育てている母親にあるということになる。したがって母親は、そういう自分の立場をよく自覚し、正しい育てかたをしてほしいものである。

そうしたことから、母親として特に考えたいことは、子どもの「幼児体験」の重要性である。


あなたは、だれかに「幼いころのことを話してくれ」といわれたら、すべての体験を、間違いなく話すことができるだろうか。よほど強烈な印象のものならともかく、普通のことは、なかなか思い出すことができないであろう。

私の経験でも、一～二歳のころの思い出として覚えていたことが、実は周囲の大人から聞かされたものだった、というのがいくつもある。

では、思い出せないというのは、すべて記憶がなくなってしまったのだろうか。実はここが大事なところである。生まれてから現在までのことは、すべて潜在意識のなかに、記憶として貯えられている。したがって、幼いころのいろいろな事柄も、思い出すことはできなくても、みんな潜在意識に刻みこまれているのである。

このことを証明する一つの方法として、催眠術がある。私は催眠の実験や治療に「年齢退行」という技術を使うことがある。これは、その人を催眠状態にし、「一つずつ年齢が若くなっていく」という暗示を与えるのだ。そうして、

「あなたは今、小学校の一年生です」

という暗示を与えて、そのときのことを聞く。すると相手は、そのときのことをスラスラと話したり、一年生のときの動作をする。そうして、それをさらに深めていくと、二〜三歳のころのことまで思い出し、話をすることができるのである。

そういうことから考えると、小さいころの経験、学習、環境などの影響は、実に大きいということがわかるであろう。したがって、子どもをアガラないで話せるようにしつけようと思ったら、できるだけ早い機会に、マイナス観念を持たせないように心がけることである。そうして、アガリ癖をつけないためのプラス観念、およびプラス体験をさせることである。

アガリ癖を治すことは、いくつになってもできる。しかし、歳をとればとるほど、それに必要な努力は増えてくる。そういうことから考えると、「鉄は熱いうちに打て」の式で、できるだけ早い機会に、きちんとした考えかたと方法でしつけをするほうが効果は大きい。入れ物のなかに汚れたものが入っているのを捨て、きれいな水を汲みこむ、というやりかたよりは、初めからきれいな水を入れたほうがよいのはわかりきったことである。

アガリ癖という汚れた水になる前に、初めから「気楽に話せる」というきれいな水を入れるようにしてほしいものである。

●この育てかたが子どもの心と体を健やかにする

わが子を、アガラずに話せるようにするためには、親として、いろいろ心得ておかなければならないことがある。それは、子どもの心や体に関することである。したがって親は、次にあげるようなことをよく心得て、正しく判断し、実行してほしいものである。

〈食べもの〉 できるだけ栄養のバランスをとるように心がける。野菜などは、できるだけ多く与えたほうがよい。だが、腹いっぱい食べさせるのは感心しない。常に〝腹八分目〟ということを習慣づけたほうがよい。

偏食はできるだけさせないようにする。もし偏食の癖がついている子どもは、その食べものの栄養価を持っているほかの食べものを食べさせるようにすればよい。偏食を治すことにあまりこだわると、〝角をためて牛を殺す〟結果を招きかねない。

＜嗜好品＞ 辛いもの、こしょう、山椒などの刺激物は、できるだけ与えないようにしたほうがよい。子どもがある年ごろになると、嗜好品を好むようになるが、これらは、成人に達するまで禁止したほうがよい。

＜空気＞ 大気汚染の都会などでは無理かもしれないが、できることなら、きれいな空気のところで遊ばせるようにする。ただし、夏の炎天にいきなりさらすとか、冬の寒い時期に、突然外で遊ばせるということは要注意。したがって、ふだんから鍛えておく必要がある。

＜**室温**＞部屋のなかが暖かすぎるのは体によくない。外気温との関係を考え、温度調整をはかることが必要である。これらのことは、着るものによっても調整できるので工夫してほしい。

＜**水**＞水に親しむのは、たいへん結構である。プールとか海水浴などには、進んで参加させるようにしよう。できることなら、ふだんから冷水摩擦の習慣をつけさせるとよい。入浴もできるだけ頻繁にして、汚れを取り除くようにしよう。

＜**皮膚**＞アガリ癖のある子どもは、だいたいにおいて皮膚が弱い。したがって皮膚は、日光浴、海水浴、乾布摩擦などで、できるだけ鍛えるようにしよう。

＜**運動**＞アガリやすい性格の子どもは、一般にスポーツを好まない傾向がある。また運動そのものも、静かなものを求めるようである。したがって、運動はできるだけ外でやり、体をよく動かすような内容のものを選んだほうがよい。ただし、相手と勝負を争うようなものは、できるだけ避けたほうがよい。こういう性格の子どもは、案外勝ち負けを気にし、その結果にこだわりやすいからだ。

〈**睡眠**〉アガリやすい子どもの眠りは、眠りはじめは浅く、朝方になってだんだん深くなる傾向がある。そのため、朝の目覚めがたいへんつらく、それを無理に起こすと非常に疲れる。したがって、夜はできるだけ深く眠れるようにしてあげること。

たとえば、寝る前には刺激のある食べものを与えないとか、感情を刺激するような話などはしないということである。

また昔からいわれている「頭寒足熱」の方法も考えるようにしてあげよう。

〈**習慣**〉子どもによっては、無意識に爪をかんだり、自分の指をおいしそうに吸ったり、ところかまわずつばを吐くなど、いろいろな悪癖を持っている者がいる。こういう子どもは、できるだけその癖を改めさせるようにしてほしい。

〈**気分**〉子どものころは、気分の変化がかなり激しいもの。そういう点をよく理解し、こちらがあまり神経質になって考えないことである。

＜指導＞ 子どものしつけは、厳しすぎてもいけないし、甘やかしてもいけない。その中庸を得ることが大切である。命令をするときにも、あまり押しつけがましくいうと、かえって反感を持たれる。したがって、頼むというようないいつけかたがよいと思う。

＜読みもの＞ 子どもに与える読みものは、できるだけ内容の充実した、レベルの高いものがよい。子どもだからといって価値の低いものを与えるのは、とんでもないことである。

＜対話＞ 最近の親は、子どもとの対話が少ない。これが断絶の原因であるともいわれている。事実、アガリやすい子どもは、家庭での対話も非常に少ない傾向がある。

また、対話そのものにも問題はある。やたらと恐怖心をあおったり、興味本位に走りすぎるような内容の話は感心しない。こうした点についても、大いに心を配ってほしいものである。

＜娯楽＞ これはできるだけ勝負を伴わないものがよい。前述したようにアガリやすい子どもは、勝ち負けにこだわりすぎるため、神経を疲れさせるという悪影響がある。また、できるだけ、体を動かすような内容のものにしてほしい。

＜**試験準備**＞受験期ともなると、本人はもちろん、親たちも、血まなこになって試験の対策を考える。しかし、そういうときでも、あまり神経質な態度はとらないようにしてほしい。たとえば、学力不相応なところを志望させたりすると、やたらと精神に不安をきたし、心の混乱をきたすことになる。

＜**友達**＞アガリやすい子どもは、一般に友達が少ない。これは、その子どもの性格的なものが原因であることが多い。したがって、友達を選ぶときは、できるだけ包容力のある子がよい。ただし、あまり選り好みをすることは問題である。

＜**けいこ事**＞ピアノ、習字、生花、お茶などのけいこ事は、精神を統一するのに役立つ。したがって、子どもがそれを望むのであれば、大いに奨励したほうがよい。しかし、親の虚栄心などで、無理やり習わせることはやめるべきである。そういうことをすると、子どもはますますアガリの傾向が強くなってしまう。

＜**環境**＞家庭とか近所の環境が、子どもによくない刺激を与えるのであったら、できるだけそういう問題を解決するようにしよう。「孟母三遷の教え」は、住宅難の今日、なかなか理想どおりにはいかない。しかし、環境改善の努力は、心がけしだいでいくらでもできるはずである。

＜**しかりかた**＞子どもがよくないことをしたときは、親として当然注意を与えるべきである。しかし問題は、そのときの親の態度である。理由もいわず、いきなりしかりつけたり、いつまでもしつこくしかったり、あるいはまた暴力をふるう、ときには、外へ追い出してしまったり、食べものを与えないというようなしかりかたをする親もみかける。だがこれは、決して賢明な方法ではない。その点もよく考え、正しい注意の与えかたをしてほしいものである。

親のしつけがアガリ防止のキメ手

●あいさつがきちんとできる子にしよう

あなたの子どもは、だれに対しても、きちんとあいさつをしているだろうか。たかがあいさつぐらい、と思ってはならない。あいさつ一つできないようでは、きちんとした子どもとはいえない。

ところが子どものなかには、知らない人はもちろん、顔見知りの人に対しても、あいさつのできない子がいる。こういう子どもは、性格的なものもあろうが、やはり親のしつけかたに問題がある。

またそういう子どもは、人と話をするときでも、アガリやすい傾向がある。

私はある母親から、子どもにどういうあいさつのしつけをしたらいいか、という相談を受けたことがある。これは、特別むつかしいことではない。まず、「**行ってまいります**」「**ただいま**」「**こんにちは**」「**さようなら**」「**いただきます**」「**ごちそうさま**」など、家庭でのあいさつを含めたものをきちんとしつけ、正しくいえるようにすればいいことだ。

子どもによっては、家族にはあいさつができても、他人には気おくれして、なかなかいえないこともある。したがって、そういう子どもを持った母親は、特にそういう点を意識的にしつけるようにする。よその人に会う機会があったときは、子どもにもあいさつをさせるように心がけることである。

そういう子どもは、得てして、母親にいわれても、恥ずかしがって逃げてしまったり、母親の陰にかくれてしまったりする。しかし、そういう甘えを放っていたのでは、いつまでたってもしつけはできない。したがってその子に、根気強く、何度もあいさつをするようにしつけることだ。

だがそのとき、あまり神経質に強要すると、子どもはますます萎縮してしまう。ある程度は、子どもをおだてるぐらいにしてあいさつさせるのも一つの方法である。そうして、子どもがあいさつをしたら、下手であっても、必ずその行為をほめてやる。そうすれば子どもも自信がつき、だんだんとうまくあいさつをするようになる。

このようにして、どんなに遅くても、その子が小学校へ上がるまでには、ある程度のあいさつはできるようにしつけておくことだ。そうでないと、人前に出て恥ずかしい思いをし、そのためにアガッてしまうことになる。

そういう子どもにしないためには、できれば、赤ちゃんのときからしつけたほうがいい。赤ちゃんが目を覚ましたら、母親が、

「おはよう、○○ちゃん」

と呼びかけ、おむつを替える。また、赤ちゃんだけでなく、家族のだれともそれぞれに「おはよう」のあいさつを交わすようにしたほうがいい。

母親のなかには、赤ちゃんは「おはよう」の言葉の意味がわからないから、いってもむだだと思っている人がいる。だがそれは間違っている。確かに、言葉の意味はわからない。

だが、それもだんだんわかってくるようになる。

それよりも大事なことは、その言葉のリズムや感じが、赤ちゃんに情緒的なものを感じさせるのだ。そうして、そういうプラスの感情が、やがては、ほかのあいさつにも同じように感じられ、自然にあいさつができるようになるのである。

現に、母親がこういうしつけをしている赤ちゃんは、二歳ごろになると、不自由な発音ながら、「おはよう」という言葉を使うようになる。こうした抽象的な言葉の意味を理解するのは四歳ごろからである。しかし、「おはよう」の言葉が持つすがすがしい感覚は、このころから感じるものである。

あいさつは、子どもの生活行動のけじめをつけ、社会性を持たせるうえで、たいへん役に立つ。言葉の意味のわからない赤ちゃんでも、あいさつをおろそかにすることは問題である。したがって、さきに述べたように、子どもであっても、できるだけ早くからあいさつをさせるようにしたほうがいい。そうすれば子どものアガリ癖もなくなるものである。

●親が子どもの片言をまねしてはならない

ある母親が、私のところへ、五歳になる子どものアガリの相談にみえた。事情を聞いてみると、その子は、いまだに幼児語を使っているため、友達からからかわれたり、自分でも何となく違和感を持つようになり、そのために、話をするのが嫌いになった、ということである。

そこで、その子の成育歴や、言葉づかいについてのしつけかたを聞いたところ、その母親や家族の者が、多くの親がするような間違いをしていたことがわかった。それは周囲の人たちが、その子どもが小さいころ使っていた片言を使っていたことである。

一、二歳のころの子どもは、十分な発音ができない。したがって、片言で話す一時期がある。そういうとき、その子どもと同じ片言を使う親や家族がいるが、これは間違った使いかたなのだ。

子どもが「バス」のことを「バチュ」と発音しているのは、発声器官が未熟なためであって、その子は、「バス」と発音しているつもりなのだ。

その事実を知らない大人が子どもに迎合して「バチュ」と発音する。ところが子どもは、自分で「バス」だと思っている言葉を、大人が「バチュ」と発音するものだから、混乱してしまうのだ。しかも、自分が「バス」といっているのは間違いで、「バチュ」が正しいという錯覚に陥ったりする。

こういう状態が長く続けば続くほど、子どもは片言から抜け出せない。すると、幼稚園、小学校へあがるようになって、友達からそのことを冷やかされるなどして、とまどったり、困惑してしまうことになる。したがって子どもに対しては、最初から正しい言葉づかいをするのが正しい教えかたなのである。

ところがこの母親は、さらに間違いをしていた。それは、そのことに気づいたから、急に子どもの言葉を直しはじめたのである。何年間もかかってできた発音や舌の動きなどを、一朝一夕で直せるわけがない。したがって、親が片言についての注意をすればするほど、その子はますます緊張感を深め、アガリ癖が強まってきたのである。

そこで私はその母親に、子どもに対して、「それはいけない」とか、「こういう発音をしなさい」というような言葉を使わないように注意した。そうして、子どもは片言を使っても、周囲の人たちは、正しい発音をするように心がけるようにアドバイスをした。たとえば、

「ママ、バチュに乗るの」

といったとき、

「そうね。バスに乗りましょうね」

「パパ、ブーブーに乗チェテ」

といったら、

「よし、自動車に乗せてやるよ」

という具合だ。

このように、周囲の人たちが、正しい発音をし、さらに、片言を使う子どもに対しては、干渉がましい態度をとらないようにした結果、その子は、だんだんと正しい発音ができるようになった。

また、そのことが原因で、アガラずに話ができるようになった。もしも、あなたに片言を使う子どもさんがいたら、こういう態度をとるようにしてほしい。

●子どもの吃音の治しかた

吃音の子どものなかには、軽いものから、重症のものまで、いろいろな程度のものがある。したがって友達などから、その吃音をまねされたり、からかわれたりすると、たまらない気持になり、そのことがよけいその子どもの吃音をひどくし、人と話すことを嫌いにさせる。そのため、話す機会があってもアガッてしまう、という悪循環になる。したがって、吃音の子どもは、できるだけ早く治してやるようにしてあげてほしい。

このことで私のところへ相談に来た母親がいる。その母親に対して私が説明したのは、次のようなことだ。

子どもの吃音原因はいくつかある。なかでも大きな原因になるのは、緊張のしすぎ、呼吸がうまくできないこと、無器用、の三つである。したがって、これらの問題を解決すれば、吃音は治る。

治しかたの一つは、緊張状態になる心や体をリラックスさせることである。それ以外にも、親やまわりの人が、その子の吃音について気にしないこと、その子は普通に話しているのだ、というような態度をとることである。

また、担任の先生にもよく頼んでおいたほうがよい。急に指名はしないようにしてもらうとか、その子がよく知っている内容についてだけ質問をしてもらうなどだ。そうすれば子どもは、緊張することもなく、また知っていることを答えられたということから、自信がわいてくる。

その子には、早口にしゃべる兄弟がいたので、その兄弟に、できるだけ普通の早さで話をするように心がけてもらうよう、その母親に話した。

次の問題は、呼吸のしかたである。吃音の子どもは緊張のあまり、吐く息よりも吸う息のほうが強い。そこで、次章にある正息統一法の基本を教え、大きくて深い息をゆっくりするような息のしかたをさせることにした。

また、そのひと息のなかで、発声練習の例題をできるだけ回数多くいえるようにすることも勧めた。それと同時に、吃音を治すためということでなく、正しい発音発声の練習をしているのだ、という気楽な気持を持たせるようにした。

また母親自身、これを練習し、子どもといっしょに練習をすることも心がけてもらった。その結果子どもは、気楽に、楽しく発音発声練習ができ、吃音でなくなってきた。


最後の原因の、無器用ということだが、これは体全体の運動神経が、あまりよく発達していないということだ。そのために、緊張をしたり、発声器官の運動もうまくいかないわけである。だから、できるだけ運動をよくやらせるように勧めた。

子どもが学校から帰るなり、勉強、勉強、と追いたてる「狂育ママ」では、子どもの吃音はますますひどくなる。したがって、野球でも何でもいいから、自分の好きな運動をドンドンさせたほうがよい。運動をやらせれば、運動神経が発達し、吃音は治りやすくなる。

以上のようなことを根気強くやってもらった結果、母親の努力が実り、その子どもは、半年後には、アガリを感じさせないようになったのである。

六章　100％アガリをなくす決定的方法

なぜ、あなたはアガッてしまうのか

❶ものの見方を変えよ

ペンシルバニア大学法学部の、エドウィン・R・キーディ教授は、初めてのクラスの授業に出たとき、学生に対して二十年もの間、試していることがある。それは、最初に黒板に2と4の数字を書き、

「答えは？」

と聞くのである。

この問いに対して学生たちは「6」「2」「8」など、思い思いの答えを出す。だが教授は、そのどれに対しても正解ではない、という。そうして、

「諸君のうち、だれ一人として、肝心なことを質問することに気がつかなかった。それは、

『どういう問題ですか?』という質問だ。諸君、〝問題〟がわからないかぎり、答えをみつけ出すことはできないのですよ」

といって、みんなが一様に犯している誤りを指摘するそうだ。

〝問題〟とは何か。それは、「現状と望ましい状態（あるいは目標）との差」である。したがって、問題を発見するためには、自分の現状、つまり自分がどこにいるかを知り、成功目標を設定すれば、問題の範囲もおのずから限定されてくるわけである。

ところがわれわれには、先ほどの学生のように〝問題意識〟に欠ける場合がある。その原因として考えられるのは、「思考の節約傾向」である。

人はだれでも、日常生活の上で、また仕事を進めていく上で、解決しなければならない問題が大小取りまぜ無数にある。したがって、二度三度と同じ問題にぶつかった場合、できるだけ今までと同じような解決方法をとろうとする。

一応の解決をみたことについては、新しい問題設定はしない。それは、ほとんどの問題が、新しい問題設定をして頭を働かせなくても、今までの経験や知識から、まずまずの答えをみつけ出すことができるからだ。

このように、一応の解決をみたことについては、新しい問題設定を怠る態度、これが「思考の節約傾向」である。

❷アガリをなくすための「自問自答」

問題意識を持つ態度の重要性について、中国の古典『大学』のなかに、「心ここにあらざれば、視れどもみえず、聴けども聞こえず、食らえどもその味を知らず」という一節がある。

この言葉のとおり、われわれは、その気がないときは、どんなにすばらしい景色をみても目に入らないし、どんなにいい話を聞いても、心に残ることはない。もちろん食べ物でもそうだ。したがって、何よりも大事なことは、心をどこに向けるか、ということである。

問題意識は、われわれの意識構造と関係がある。人間の意識構造は、意識の焦点と呼ばれる中心部と、漠然とした周辺部とからなっている。そして、思考活動は、対象が意識の焦点に合ったときに初めて可能になる。したがって、ただ感じるだけでは、対象は周辺部を素通りするだけなのである。

問題意識とは、そのことを「心にかける」ということだ。またこれは、あらゆる思考活動の前提条件でもある。

このことについて、おもしろい話がある。

ノーベル賞の受賞者、故・朝永振一郎博士が、著名な物理学者が集まっている席で、「鏡はなぜ上下をさかさまに映さないのか？」

という意味の質問をした。それを聞いた学者たちは、答えに窮したという。問題意識とは、このように、わかりきっているように思われることに対しても、「なぜ？」という素朴な疑問を持つことから始まるのである。

以上のような理屈から、問題意識のない人はアガリをなくすことはできない。ところが現状維持型、理想喪失型の人にはこれがないのだ。

もしも自分がどの程度の問題意識を持っているかを知りたかったら方法がある。それは「アガリをなくすために解決すべきものは何か？」ということを自問してみることだ。

それで自答することができなければ、その人は、問題意識を持っていないことになる。反対に、問題を明確に具体的に述べることができたら、問題意識はきわめて旺盛であるといえる。

さらには、それを解決するための計画化ができていれば申し分ない。

このように、問題意識がどうであるかは、アガリをなくすための鍵を握る重要な問題なのである。

❸アガリの原因はあなたの「心」そのものにある

人はなぜアガルのか？

子どものころから、極度のアガリ癖に悩まされてきた私にとって、このことは重要な命題であった。私は、この命題を解くため、あらゆる手段を試みた。

あるときは医師を訪れ、診療を請うた。あるときは、精神療法の専門家の門をたたいたこともある。高名な心理学者に教えを請うたこともある。

しかし、それだけではまだ納得のいかなかった私は、書店巡りをして、アガリに関係のある本を求め、読みあさった。

その結果私は、アガリの現象は体に現れるが、その原因は心にある、という結論に達した。因果関係でいうと、原因は心、結果は体、ということだ。

したがって、アガリをなくすためには、まず心の仕組みを理解し、それを活用することだ、ということに気がついた。

われわれの心は、肉体という物質によって支配されているのではない。「病は気から」というように、心が原因の病気も決して少なくないのだ。人前でアガルのも、そうした心の働きが原因なのである。

「健全なる身体には、健全なる精神が宿る」という言葉がある。だが私は、その言葉が必ずしも当てはまるとはかぎらない、という事実をたくさん知っている。

私の知人に、柔道の高段者で、身長、体重とも衆にすぐれ、威風堂々あたりをはらう偉丈夫がいる。ところが彼は、人前で話をするときはすっかりアガッてしまい、言葉もシドロモドロになる。こうなると、相手が偉丈夫であるだけに、何となく奇異な感じになるのだが、これは心が原因なのである。

そのほか、五体に何一つ不自由なく、むしろ一般の人たちよりも健全な体の持ち主なのに、心が弱く、人前に出るとすっかりアガッてしまい、いろいろな点で損をしている人は多い。

私自身、そうした体験者であるため、これらの人たちへの同情、共感も、人一倍強い。

しかしこれらは、心の問題が解決できれば、たちどころに解消する悩みなのである。

では次に、われわれの心は、どういう仕組みになっているかについて考えてみよう。

❹「意識」ではなく「潜在意識」に働きかけよ

あなたのアガリをなくすため、ぜひ知っておかなければならないものに心の働きがある。

われわれの心は、心理学的にみると、意識と潜在意識に分かれている。意識とは何か。『言海』を開いてみると、「心のさめて覚えのある状態」とある。また、ドイツの有名な精神学者ヤスパースは、「現在の瞬間における精神生活の全体である」といい、アメリカの精神学者のコップは、「自分の周囲のことや、自分自身のことがわかっている状態が、意識ある状態だ」といっている。


これらは、表現のしかたは違うが、本質的には同じことをいっている。つまり、意識があるということは、「自分のしていること、考えていること、快・不快、うれしさ・悲しさがわかるとか、暑い・寒い・やかましいなどがわかる状態」を指しているということだ。

また意識には、判断・分析・批判・推理・検討・道徳心など、一般に「理性」と呼ばれる働きがある。

これに対して、潜在意識とはどういう性質のものか。オーストリアの有名な心理学者フロイトは、

「私どもの心のなかには、何か強力なものがある。今までのところその力は、心のなかの一つの不明な部分として、はっきり説明を与えることはできないが、意識する心とはまったく別のものだ。それは、私どもの思想、感情、行動の源として絶えず働いている」

という仮説を唱えている。

そういうことから考えると、アガラないためにどうしたらよいか、という答えが出てくる。つまり、意識的努力よりも、潜在意識への働きかけのほうが大切なのである。

ところが多くの人は、このことについてあまり知らない。

では次に潜在意識の働きを述べよう。

❺「アガル」という思いこみが一番危険

＜無条件に反応する＞

意識は、物事の判断、批判、分析などの働きをする。したがって、善悪のけじめをつけ

ることができる。ところが潜在意識は、そういう理性的な判断や批判、分析はしない。心のなかに、ある観念やイメージを受け入れると、そのことのよしあしには一切かかわりなく、すべてそれを受け入れ、実現させてしまう。

したがって、「自分はアガリ癖があるのだ」という観念の持ち主も、そういう立場に立つと必ずアガル。そのとき、意識でアガルまいとしても、それが無力であることは、すでに述べたとおりである。

＜創造力がある＞

アガリをなくすには、そのための創造力を発揮しなければならない。創造力はどこの働きか。それは、潜在意識である。したがって、創造力の使いかたがうまければ、アガリはかなり早く治すことができる。

＜イメージをつくることができる＞

アガリは、そのときの客観的な条件が原因であると思いこみやすい。しかしこれは偏見である。アガリの現象は、主観的なイメージによって起きるもの、アガリを促すイメージを描けばアガルし、アガリを意識しないイメージを描けばアガラなくなるわけだ。

したがって、潜在意識に働きかけて、どういうイメージづくりをするかは、たいへん重要な問題である。このことについては、あとで詳しく触れることにする。

〈エネルギーの動力源である〉

心のエネルギーが不足している人は、体自体も、何となくスタミナ不足になる。スタミナ不足の人は、話をしてもアガリやすいし、自己啓発の努力もおっくうがって、なかなかやりたがらない。したがって、潜在意識に働きかけ、心身エネルギーを強化することは、たいへん重要なことである。

〈記憶の宝庫である〉

潜在意識は記憶の一大宝庫である。われわれがこの世に生をうけてから現在に至るまでの事柄は、すべてこのなかに記憶されている。それは、われわれが想像もできないほどの精密さで、記憶中枢のなかに保存されているのだ。

また、その記憶が、われわれの考えかたや行動を支配している。したがって潜在意識は、かつて自分が人との話において、成功したこと、失敗したことのすべてを記憶している。

また、そういう体験のなかで印象的なものは、ときどき頭をもたげてくる。そうして、マイナスの記憶は、アガリを起こす大きな原因になっているのである。

＜直感力がある＞

これは、あなたに対して、好感・敵対感を抱いている人の気持などを、直ちに読み取る働きである。したがって、敵対感を持っている人と話をするときは、それが敏感に働いてアガリやすくなる。また、あなたに対して優越感を持っている人と話をするときには、やはり敏感になって、アガリやすくなるものである。

＜観念、行動の源である＞

観念とは、潜在意識で思考することである。これは意識の思考とどう違うのだろうか。たとえば、意識でアガルまいと思うことはできるが、それによって、アガリの現象を支配することはできない。

ところが、観念で「アガル」と思いこんでいたら、完全にアガルのだ。これは、観念に生理的なものをも支配する働きがあるからである。

また行動は、観念に支配される面がたいへん大きい。したがって、潜在意識をどう扱うかということは、アガリを防ぐうえで、大きな影響力をもっている。

以上、潜在意識の働きについて述べたが、こうした科学的な事実について正しい理解をし、その働きを活用することによって、あなたのアガリ癖は完全に治るのである。

❻アガラない「条件」をつくるのが先決である

アガリと条件反射とは、切っても切れない関係にあるが、条件反射というと思い出すのが、ロシアの心理学者パブロフである。彼の、犬を使っての実験は、あまりにも有名である。

条件反射の実験は、簡単にいうと、本来何の関係もない刺激がなぜ体に変化を与えるのか、ということの解明であった。この実験に使ったのが犬とベルである。

この実験では、まず腹をすかせた犬に肉をみせる。すると犬はよだれを流す。これは本能だから、あたりまえのことである。次にパブロフがしたことは、犬に肉を与える前に、ベルを鳴らすことだった。

これを食事のたびに繰り返しているうち、とうとう犬は、ベルが鳴るとよだれを流すようになった。しかも、そこに肉がなくても、ベルの音を聞いただけでよだれを流すようになったのである。

これは、考えてみると、実におもしろい現象である。犬がよだれを流すのは、自律的な活動であり、意思によって左右されるものではない。それが、ベルという人為的な刺激に反応する。つまり、ある条件を与えて訓練すると、このような反応が起きるわけで、パブロフはこれを「条件反射」と名づけた。

条件反射は、人間にもみられる。たとえばある人が、昼休みに食堂へ行ったとしよう。隣の席では、おいしそうな〝うなぎのかば焼〟を食べている人がいた。すると、そのにおいをかいだ人は、思わず口につばがわいてくる。これは本能、自然の生理現象である。

その人はそこでメニューをとる。そうして、大好きなうなぎのかば焼の文字をみたとたん、やはりつばがわいてくる。しかしそこには、別にかば焼そのものはない。またそのにおいをかぐこともない。それなのにつばがわく。これが条件反射だ。

つまり、犬とベルの関係に当たるのが、メニューに印刷された「うなぎのかば焼」という文字だったわけだ。

同じような例は、数えあげるときりがない。医者にたびたび注射をしてもらう子どもは、その医者の着ている白衣をみただけで泣き出す。夏の暑い盛りによくセミが鳴く。すると、セミの声を聞いただけで汗ばむ。また、梅干とか夏みかんを思い出しただけでつばがわいてくるのもそれである。

このように、条件反射の刺激になるものは、視覚、聴覚など、どんな感覚を刺激するものであっても起きる。そうして条件反射は、性格や能力とも、切っても切れない関係にある。過去において何らかの経験をしたとき、何かがその条件になり、それがいまだに作用をしていることが多いということだ。アガリの現象も、実はこの条件反射にほかならない。したがって、アガリをなくすためには、「アガラない」条件をつくる必要があるわけである。

いつでも、どこでもアガリを防止できるこの秘訣

❶アガリは「意識」的には治せない

アガリをなくしたい一心から、意識だけでアガラない努力をしている人がいる。だがそれは、努力のわりに効果が少なく、大抵は失敗に終わってしまう。

なぜだろうか。実はそこに深層心理の科学的根拠があるからだ。それは、われわれの生命活動では、意識よりも、潜在意識の活動のほうが、圧倒的に比率が高いからである。

あなたは朝起きるとき、意識して目を覚ましているだろうか。食事をすることは、意識的なことのように感じるかもしれない。しかしこれも、満腹のときに意識して食べることはしない。また、空腹感が強いときには、意識で我慢をしても限度がある。そのほか、消化機能、排泄行為、呼吸作用、さらには睡眠に至るまで、すべて潜在意識に任せているは

ずである。

これらの自然な生命活動に逆らったとき、その人は、大きなしっぺ返しを受ける。たとえば不眠症がそれだ。自然の原理にしたがえばひとりでに眠れるのに、意識的に、「寝よう、寝よう」と努力をするため、かえって眠れなくなってしまうのだ。

同じ理由でマイナス現象を起こすのがアガリである。気にしなければアガラないのに、そのことを気にかける。そうして意識的にアガルまいと努力する。しかし、そうすればするほど、潜在意識には、それを否定するさまざまな連想が次から次へと起こり、かえってマイナスイメージが強まってくる。

すると、それを感じた意識は、それではならじと、さらに意識的努力を繰り返す。しかしその努力によって、かえってマイナスのイメージが強まり、葛藤が生じ、努力は徒労に終わってしまうわけだ。

このことからもわかるように、意識的努力をしても、それに対して潜在意識に否定観念があったときは、潜在意識のほうが勝つのである。

これは、話をするときに赤くなる人についてもいえる。その人は、何も好きこのんで赤くなっているのではない。それなのに、なぜ赤くなってしまうのか。

正常な人は、潜在意識のなかに、「自分は赤くなるわけがない」という観念が植えつけられている。したがって、「赤くならないようにしよう」という意識的努力はまったく必要ない。

ところが赤くなる人は、潜在意識のなかに、「自分は人前で話をすると赤くなってしまうのだ」という観念がある。したがって、赤くならないための意識的努力をする。ところがその努力は逆の結果を招き、かえって赤くなるのである。

このように、いくらアガラないための意識的努力をしても、それに伴う緊張状態が潜在意識の観念と相反したときは、ほとんどの場合逆効果になる。このような原理を「努力逆転の法則」という。

❷アガッたと思いこんでいるのは本人だけ！

アガリ癖のある人は、自分のアガリかたを、オーバーに自己評価する傾向がある。実際には五〇％程度のアガリを、倍の一〇〇％にも感じるのだ。そのために、ますますアガリに対する恐怖心が増大することになってしまう。

したがって、こうしたマイナス観念を、強引にでもプラスに切り替えなければならない。

私は、話しかたの指導をするときに、ある種の実験を通して、観念の転換をすすめている。それは、実際にスピーチをした人に、自分のアガリの度合いを評価してもらうのだ。最高のアガリを一〇〇％、まったくアガリを意識しない状態をゼロ％とする。そして、スピーチ終了後、その話し手に、アガリについての実感を発表してもらうのである。

こうした実験の結果、どの話し手にも共通していることがある。それは、ほとんどの話し手が、一〇〇％、九〇％、八〇％など、かなり高いアガリの数値を発表することだ。もちろんこの数値は、客観的なものではない。あくまでも、話し手の主観的モノサシによるものである。

次は、その話を聞いていた人たちに質問をし、いまの話し手のアガリの度合いを、聞き手の主観で評価をしてもらう。これは、聞き手の全員に発表してもらうわけだから、それぞれの主観によって、評価の数値も違っている。しかし、ここにもたいへんおもしろい共通点がある。それは、ほとんどの人が、五〇％以下という数値を発表することだ。

この事実は何を物語っているのか。これは、話し手が感じているアガリの度合いと、聞き手が感じているそれとは、格段の相違があるということだ。その比率は、だいたい話し手が感じているものの半分を聞き手が感じている、ということ。たとえば、話し手が八〇％アガッていると感じた場合、聞き手は平均して四〇％アガッていると感じるということだ。

私が今までに指導した話しかた教室で、何十回にもわたって実験したが、今まで特別に違いのあった例は一件もない。

アガリ癖のある人は、この事実をよく考えてほしい。自分がアガッていると感じている度合いには、客観的な根拠がないのだ。自分で勝手にアガリのマイナスイメージを描き、その結果としてのマイナス観念をもっているということなのである。

そのことに気づくだけで、アガリ恐怖症はかなり軽くなる。事実そういう人がたくさんいた。したがってあなたも、そうした傾向があったら、この際、観念をプラスに切り替えるようにしてほしい。

観念が変われば体も変わる。アガリという生理的現象も、心の命令にしたがってかなり変化してくる。まちがっても、自分の偏見に基づく主観的評価を正当化しないようにしてほしい。それは「百害あって一利なし」である。

❸「自分はダメだ」というマイナス観念を捨て去れ！

アガリをなくしたいという気持を持ちながら、「それは願ってもだめだろう」というマイナスの観念に取りつかれている人がいる。これでは、木に登って魚をとるのと同じこと。どうしてもアガリをなくしたければ、それは絶対可能であるというプラス観念を持つことだ。

そういうことから、今まで私に寄せられたマイナス観念の質問のあれこれと、それをどういうプラス観念に切り替えたらいいか、ということについて述べよう。

まずその一つは、アガリ癖は、本を読んだぐらいで治るものではない、ということだ。しかし、この本を熟読玩味し、アガリについての理論を正しく理解する。そして、この本のなかで説明している方法を、徹底的に練習して身につける。さらに、それぞれの応用的な内容について実践をしていくのだ。そうすれば、アガリは必ず治すことができる。

ところが、そんなことぐらいでは治らないと信じている人は、読むには読んでも、それを実行していない。実行しても三日坊主で、すぐにやめてしまう。これでは、アガリをなくすことができるわけがない。

やりもしないでできないと思う、これが不成功の最大の理由である。そのことを理解し、成功するまで継続する根気が必要である。

もう一つは、効を急ぎすぎることだ。アガリ癖を治すには、その人の個人差を考えなければならない。

だれでも同じように効くのではない。これは、ほかの病気でも同じことだ。

ただし、三年も五年もかかるというものではない。熱心に練習をすれば、だいたい三週間ぐらいたつと、その兆候がみえはじめる。三カ月もやれば、大抵の人はそれほどアガリを感じなくなる。そういう点についても、正しい理解をしてもらいたい。

なかには、アガリは遺伝だと思っている人がいる。だがこれも間違いである。ただそれに似たことでは、本人が意識的自己管理のできない子どものころ、家族などからアガリの原因になるような影響を受けた、ということはある。しかし、過去を恨んでみたところではじまらない。したがってアガリは、治したければだれでも治る、ということを知ることだ。

また、アガリは、大人になったらひとりでに治るとか、場数を踏みさえすれば治ると考えている人もいる。だがこれは、一〇〇%正しいとはいえない。

確率的には、未成年のころよりは、社会人になったほうがアガリにくい。だが人によっては、社会人になったときのほうが、アガリがひどくなる例もある。その意味では、むしろ、子どものころにアガリ癖を治すようにしたほうがいいといえる。

場数にしてもそうだ。正しい原理と方法に基づいて場数を踏めばいうことはない。だが、やみくもに場数を踏んだからといって、アガリをなくすことはできない。それどころか、アガリや失敗を重ねる機会が多ければ、ますますアガリの兆候がひどくなることもある。その点は特に気をつけるようにしよう。

以上のような点についてのマイナス観念はできるだけ取り除き、「やればできる！」という信念を強化するようにしたいものである

❹アガリを克服する「プラスカン」の強めかた

「プラスカン」、これは私の造語で、アガリをなくすことに役立つ考《カン》えかた・観《カン》念・感《カン》情

などの総称である。したがって、逆にアガリを増長させ、役に立たないそれらのものを「マイナスカン」と呼んでいる。

自分なりにアガリをなくすためには、そのためのプラスカンを強化しなければならない。その具体的方法はどういうものか。


プラスカン強化の基本的原理は、意識的にプラス思考をし、それを反復して、観念をプラスにすることである。方法は三つある。これらはどれも、非常に簡単、しかも効果は抜群である。

その一つは、睡眠前の時間を利用する方法である。この時間における心の持ちかたは、非常に重要であるからだ。マイナスカンの持ち主は、昼間体験したマイナスの出来事や考えかたまで、ベッドのなかに持ちこむ傾向がある。これでは快い睡眠は得られない。したがって、マイナス面は明日にまわし、プラスのことだけを考えるようにするのである。

就寝時には、大脳の活動が非常におだやかになる。したがって、観念の感受性が最も旺盛になる。そういうときにプラスカンを注ぎこめば、非常に効果があるのだ。

そのときのプラスカンは、**「すべてのことが、ますます今よりもよくなる」**というものである。

具体的な「アガリがなおる」のように、アガリについてのプラスカンでないのはなぜかというと、あなたは、アガリだけが人生の問題ではないはず。そのほかにも問題があると思う。したがって、成功目標がいくつもあっていいわけである。そういうことから考えると、全人的に、すべてのことがよくなることが望ましい。したがって、こういう言葉にしたという次第。

プラスカンを唱える回数は何回でもいい。気楽な気持でやることだ。大事なのは、その可能性を信じること。また、その結果に対するプラスのイメージも描くようにすること。そうすれば、プラス思考が潜在意識に受け入れられ、プラスカンに変わってくる。

もう一つは、朝目覚めた直後に、寝床のなかで行う方法である。そのときのプラスカン語は、

「目標必達！　私はできる！　私はヤル！」
　これをつぶやく程度の声で一回だけ唱える。問題は、就寝時と同様、真剣に唱えることだ。また、アガリをなくすという目標を具体的にイメージに描くことも忘れてはならない。

　以上二つの方法には、特別に期間はない。それがプラスカンとして受け入れられ、成功できるまでやる。そのためには、二番目の言葉は朝だけに限らず、折をみて、常に唱えるようにしたほうが効果がある。これは「反復効果の原則」から考えてもうなずける。
　また、この言葉を名刺大の紙に書き、目につくところに入れたり、はったりしておこう。そうして、それをみるたびに、その言葉を唱えるようにしよう。そうすれば、体験を重ねるにつれて信念は強化され、短期間にプラスカンを植えつけることができるようになる。

　気をつけてほしいのは、効果をあせらないことだ。畑にまいた種が、翌日芽を出さないからといって、疑ったり、掘り起こす人はいまい。プラスカンという種も、潜在意識という畑にまいたのだから、必ず芽を出すことを信じて実行してほしい。

さて、三つ目は〝万事楽観〟という考えかたをすること。長年アガリについてのマイナスカンで過ごした人が、プラスカン強化法を試みたからといって、すぐに効果が表れるものではない。知らぬ間に従来のマイナスカンに毒されることもある。そういうことにならないためには、プラスカンを持つ習慣づけをする。これは簡単なことで、常に成功にプラスになる考えかただけをするということだ。

以上の三つの方法を使ってプラスカンを強化すれば、あなたは間違いなくアガリをなくすことができるようになる。ぜひ実行してほしい。

❺この「正息統一法」が強力な武器となる！

アガリ癖をなくすためには、心身の統一をはかって心を強める必要がある。これは気海丹田（下腹）を充実することであり、そのためには、正しい呼吸をすることである。それを「正息統一法」とよんでいる。

われわれは毎日、絶え間なく呼吸をしている。しかもそれは、無意識のうちに行われている。したがって、今さら呼吸を正すなど、なんとなくピンとこないかもしれない。しかし、呼吸にもいろいろな方法があるのだ。

昔から呼吸のことを、「息をする」といっているが、それは「生きる」という言葉がつまったものだ、といわれるほどである。つまり、呼吸は生命の源であるというわけだ。

しかも呼吸は、単なる「吸酸除炭」の働きで血液をきれいにするだけではない。心の面でも欠かすことのできないものなのだ。

このことは、「阿吽《あうん》の呼吸」とか、「息が合わない」「呼吸をはかる」「呼吸を合わせる」など、呼吸の重要性を表している言葉があることでもわかる。

そういうことから次に、「正息統一法」のやりかたについて述べよう。

(1) **正息統一法は、息を吐き出すところからはじめる。**これは、肺臓のなかにある汚れた息を吐き出すことによって、肺臓気胞をきれいにするためである。

(2) **息を吐き出したら、次は静かに細く長く息を吸いこむ。**吸いこんだ息は、胸郭をだんだん上へあげ広げる。胸いっぱいに吸いこんだら、さらにその息を腹部へ送りこむ気持になる。実際に空気が下腹へ入るわけではない。そういう気持になることが大切なのである。

(3) **息を下腹に吸いこんだ気持になり、気海丹田にグッと力を入れて息を止める。**そのとき肛門を締める。そうして、三秒間ぐらい息を止めておく。

(4) **三秒間息を止めたら、次は息を吐き出す。**そのときも、静かに細く長く吐くようにする。そのとき、腹を一度に引っこめてはいけない。むしろ吐きはじめのころは、腹に力を入れるぐらいにする。そうして、息を全部吐き終わるころにおなかもへこんでいる、という状態が望ましい。

(5) **一回の呼吸に要する時間は、初心者で大体十五秒ないし二十秒、慣れてくると、二十五秒から三十秒ぐらいが望ましい。**

(6) **正息統一法は、朝・晩の二回やる。**そのほか、適当なときに何回やってもよい。また一回の時間は、二、三分でもよいし、気分がよく時間があるときは、三十分ぐらいやってもよい。要は時間にとらわれないことだ。

(7) **脱腸、腹膜、肋膜などを患っている人は、ある程度加減をして行う。**また、熱の高い病気、肺病、心臓病の重い症状や脳出血の人などは避けてほしい。

以上が、正息統一法であるが、これを基本にし、さらに前に述べたプラスカン強化法、これから述べるイメージ強化法などを併用すれば、アガリ癖は完璧に治すことができる。

❻「イメージ」は自分次第でどうにでも変わる

アガリ癖のある人は、そのほとんどが、自分がアガッてしまうイメージを強烈に心に描いてしまう人である。

したがって、アガリをなくそうと思ったら、そういうマイナスのイメージをプラスのイメージに切り替える必要がある。つまり、いつでも、どこでも、だれとでも気楽に話している自分のイメージを心に焼きつけることである。

それは、自分でその気になりさえすれば、必ずできる。イメージは、自分の考えしだいでどうにでもなるのだ。その一つの例として、次にあげるような実験をしてみてほしい。

まず二ツ折りにした一枚の白紙を用意する。紙の質はどんな物でもよい。大きさは週刊誌大の物でよい。その内側に折った部分に何滴かインキをたらし、重ねあわせて上からこすってみよう。そうして、それを開いてみると、そこには得体の知れない対象形が姿を現すが、これは別に何の意味もない。

ところが、この無意味な図形に対して、あなたが「この形は、何にみえるかなあ」というイメージ発想をしたらどうなるか。

人によって、それが、全体的または部分的に、雲にみえたり、馬にみえたりする。あるいはまた、カニの足、五月人形のカブトの前についている飾りのくわがたに似ていたりもする。これがイメージの働きなのである。したがってセルフ・イメージは実体とかかわりなく持てるというわけだ。

❼「イメージ強化法」でアガリ防止は完璧！

では、ここでアガリをなくすための「イメージ強化法」を説明しよう。そのためにまず、物の色や形、さらには場所や人へとイメージを強めていく訓練を重ねる必要がある。

まず、色のイメージ化だが、これはまず正息統一法で心身の統一をはかる。そうして、統一状態になったら、まぶたの裏をじっとみつめながら、「まぶたの裏に色がみえる」という観念を持つ。すると、ひとりでに色が浮かんでくる。色は何色が浮かんでくるかわからないが、一般には赤色が多い。そうして赤色から黄色、青色と自由自在に浮かばせるようになれるまで練習する。ただし練習当初は、ぼんやりとした色、どす黒く濁った色しかみえないことが多い。

ところが、これを毎日繰り返してやっていると、ときどき部分的に、チラッと色がみえてくるようになる。そうなればしめたもの、さらにそれを続けていれば、色もだんだんと鮮やかになり、しかも思いのままの色を浮かべることができるようになってくる。なお、この練習は、一回に約三十分をかけて、だいたい一カ月あればできるようになる。

色のイメージが浮かぶようになったら、次は図形とか物のイメージに移る。まず正息統一法をやろう。そして統一状態になったら、「まぶたの裏に丸い形がみえる」という観念を持つ。するとそのうちに、だんだんと円形が浮かんでくるようになる。はじめから、かなりはっきり浮かぶ人と、それらしいものがボンヤリと浮かぶ人とがいるが、いずれにしても、必ず浮かぶようになるから自信を持ってやってほしい。

このようにして円形のイメージがうまくいくようになったら、続いて、三角形、長方形、菱形などについても、円形のときと同じ要領で練習をする。そうして、どんな図形でも自由に浮かべることができたら、これらの形に色をつける練習をする。赤い丸、黄色い丸、青い三角、赤い長方形という要領である。

これらのイメージも自由に浮かべることができるようになったら、しめたもの。あとは、何かの花、それを生けている花瓶、その花瓶を置いているテーブル……、という要領で、いろいろな物をイメージ化する練習をする。

これらも十分できるようになったら、いよいよ本格的なイメージ法の練習に入ることにする。これは自分自身を客観視する方法である。たとえてみると、スクリーンに映っている自分を本物の自分が眺めるようなものである。同じような要領で、話し相手の人も、まぶたの裏に描くのである。

この方法がわかると、アガリ癖をなくすのに大変重宝である。それは、自分がアガリを覚える人とか場所を、事前にイメージ化し、その人、その場所で、くつろいで気楽に話している自分のイメージを強く浮かべる。そうして、「私は○○さんと、気楽に話ができる」とか、「私は○○（場所）で落ち着いて話ができる」というプラスの観念を持つ。こうなれば、もう、あなたは自分が望んでいるような結果を、完全に手中に入れることができる。

《自分一人でできる「リラックス法」のすべて》

音声利用で驚くべき効果を生むこの「自己暗示術」

アガリをなくすのに非常な効果を上げる方法の一つに、音声による「リラックス法」がある。

これは、次にあげるような語りかけを自分でボイスレコーダーでもテープレコーダーでもいいので吹きこみ、それを聞きながらリラックスする方法である。

なお、文中「あなた」とあるのは、意識するあなたが、潜在意識のあなたに話しかけるためのものである。

○「リラックス法」をする場所は、静かで落ち着けるところならどこでもいい。部屋は明るすぎたり、寒暖の影響のあるところは避ける。
○くつろぎを妨げるような条件、たとえば眼鏡、ベルト、時計、ネクタイなどはすべて取り除くか、ゆるめるかする。
○いすに座っても、横になってやってもいい。いすに座ってやるときは、背骨を伸ばし、軽く前かがみになる。そのとき、お腹を圧迫しない程度に曲げる。また、首も軽く前に垂れるが、角度は無理のない程度にする。
○両手はお互いに触れ合わないようにして、ひざの上にゆったりと置く。太ももとすねは、床に対して九〇度の角度でつける。
○長いすや安楽いすを使うときは、頭をうしろに寄りかけ、腕はひじ掛けにのせた姿勢でいい。
○理想的には、布団かベッドにあおむけに寝る姿勢をとる。枕はできるだけ柔らかい物を使い、腕は体の両側に甲を上にして置く。
○足はつま先がそれぞれ外側に向くようにする。

○言葉を吹きこみ、「リラックス法」の用意ができたら、音源をセットして、力まず、さりげなく聴くようにしよう。するとあなたは、身も心もくつろぎ、プラスの観念やイメージを受け入れやすい状態になる。

○この状態を「トランス状態」という。トランス状態になったら、次は、アガリをなくすための観念を持ち、イメージを描く。

○イメージを強化するためには、自分自身を客観的にながめる。たとえてみると、テレビに映っている自分のイメージを描くようなものだ。そうして、実際にアガリを感じるような場所、人物などもイメージに描く。

○音声による実習のときは、現実にアガリを感じるような場所、時、相手などをイメージに描きながら、「自分は、たいへんくつろいでいる」というようなプラスカンを持つようにする。そうすればあなたは、だれの前でもアガラなくなるようになる。

○また（音楽）と書いている個所には、静かな調べの音楽を一分程度流すと、より効果的である。もし音楽を入れなくても、その程度の時間の間《ま》をとるようにしよう。

──＊──　──＊──

あなたはこれから、リラックス法によって、身も心も深いくつろぎに入り、精神を統一してアガリをなくします。

- では静かに目を閉じ、できるだけ体の力を抜いて、楽な気持になってください。
- 次に、できるだけ大きく深呼吸をしてください。（音楽）
- はい。それでは普通の呼吸に戻りましょう。これから私のいうことにさりげなく耳を傾けながら、それぞれの部分に、さりげなく心を向けてください。
- ではまず、右足からくつろがせます。右足のつま先全部に心を向けましょう。
- あなたのつま先から、だんだんと力が抜けてきます。
- 次は、親指の付け根に心を向けましょう。そこからもだんだんと力が抜けてきます。
- 次は、足の裏に心を向けましょう。やがてそこからも力が抜けてきます。
- そのくつろぎは、ゆっくりと右足のかかとに移ってきます。
- 次にそのくつろぎは、くるぶしに移り、足首全体が完全にくつろぎます。（音楽）
- このくつろぎはゆっくりとすねに上がり、さらにそこをくつろがせます。

●やがてくつろぎは、ふくらはぎに移り、そこの筋肉もすっかりくつろぎます。

●次にそのくつろぎは、ゆっくりとひざに移り、ひざとひざ小僧のまわり全部をくつろがせます。

これで右足の指先からひざまで完全にくつろぎました。（音楽）

●次は、右足のもものあたりに心を向けてください。やがてももの筋肉がゆるみ、だんだんとくつろいできます。

●やがてこのくつろぎは、右の腰に移ります。これで右の足先からすね、もも、腰の筋肉や、筋肉細胞のすべてが完全にくつろぎました。（音楽）

●さて今度は、左足をくつろがせましょう。左足のつま先全部に心を向けましょう。左足からだんだん力が抜けてきます。

●次は、左足の親指の付け根に心を向けましょう。するとそこからだんだんと力が抜けてきます。

●次は、足の裏に心を向けましょう。やがてそこからも力が抜けてきます。

•そして、そのくつろぎは、ゆっくりとかかとに移っていきます。

•そうしたらそのくつろぎはくるぶしに移り、足首全体が完全にゆるみ、非常に深いくつろぎに入ります。（音楽）

•このくつろぎは、ゆっくりとすねに上がってきます。

•やがて、ふくらはぎに移り、そこの筋肉もすっかりくつろぎます。

•次にそのくつろぎは、ゆっくりとひざに移り、ひざとひざ小僧のまわり全部をくつろがせます。

これで左足のひざまで完全にくつろぎました。（音楽）

•さあ今度は、左足のもものあたりに心を向けてください。やがてももの筋肉がゆるみ、だんだんとくつろいできます。

•やがてこのくつろぎは、だんだんと腰のほうに移ります。

これで左の足先からすね、もも、腰の筋肉や、神経、細胞などはすっかりくつろいでしまいました。（音楽）

●さあ、今度はあなたの腕を完全にくつろがせましょう。まず右手の指先に心を向けてください。すると、指がだんだんとくつろいできます。

●やがてそのくつろぎは、右指の関節に移ります。さらに、手のひらに移ります。

●やがてくつろぎは手の甲に入っていきます。

●次は手首に移り、右手全体が完全にくつろぎます。(音楽)

●次は、腕のほうに心を向けてください。くつろぎは腕から上がり、ひじのなかに入ります。やがてそのくつろぎは、ゆっくりと腕の上に移り、その筋肉をくつろがせます。

●そのくつろぎはさらに右の肩に移っていきます。

これで右手右腕右肩のすべてがすっかりくつろぎました。(音楽)

●今度は左手の指先に心を向けてください。すると指先がだんだんとくつろいできます。

●やがてそのくつろぎは、左指の関節に移ります。そうしてさらに、手のひらに移ります。

●やがてそのくつろぎは手の甲に入っていきます。

そうして次は手首に移り、全体が完全にくつろぎます。(音楽)

●次は、腕のほうに心を向けてください。くつろぎは腕を上がり、ひじのなかに入っていきます。

●やがてそのくつろぎはゆっくりと腕の上の筋肉をくつろがせ、次に左の肩に移っていきます。

これで左手、左腕、左肩全体が完全にくつろぎました。（音楽）

●それでは次に、内臓や器官のすべてを含めて、体全体をくつろがせます。

●では、できるだけ大きく深呼吸をしてください。（時間をおく）体中の筋肉、神経、細胞のすべてがくつろぐのを感じます。

●同じようにして、さらに深呼吸を続けてください。（時間をおく）

●はい。普通の呼吸に戻ります。

あなたの、胃腸、大腸、小腸、ひ臓、すい臓、じん臓などすべての内臓の、筋肉、神経、細胞などがすっかりくつろいできました。（音楽）

- さあ今度は、頭と首をくつろがせましょう。
- まず頭に心を向けてください。くつろぎは頭の上から右側にかけて、深く内側を下りていきます。
- やがてこのくつろぎは、右の耳の内側に移ります。
- そうして、そのくつろぎはさらに首の右側に移ります。
- 次にこのくつろぎは、頭の上から左側に移ってきます。
- そうして、静かにゆっくりと下りはじめ、左の耳の内側に入り、首の左側のところまで下りてきます。
- 次は、目に心を向けます。くつろぎは、目の内側に入り、目のまわり、目の裏側などを完全にくつろがせます。
- このくつろぎは、さらに鼻に移ります。
- やがてそれは頬に移ります。
- それはやがて、あごに移ります。

・そうして非常にゆっくりと、のどの部分に移ってきます。

・次に、あなたの心を頭の後側に向けましょう。襟足、くびの筋肉、背骨の中にくつろぎが移っていきます。（音楽）

さあ、これであなたは、身も心も完全にくつろぎました。今のあなたは、たいへんおおらかで穏やかな、和やかな気持です。

ではこれから、アガリをなくすためのリラックス法を行います。

・あなたがアガリを感じるような場所や時刻、あるいはそこにいる人たちをまぶたの裏にイメージとして描いてください。

・そうしてあなたは、そこにあなた自身の姿も描き、映画かテレビに映っている自分をみるような気持でながめてください。

・それらのイメージは、できるだけ生き生きと細かい部分まで描いてください。

●その場所に置いてある物、その時刻のあたりの様子、そこにいる人たちの人数、服装、性別にいたるまで、できるだけ具体的に描いてください。

●そこであなたは、アガリをなくした自分自身、落ち着いた、くつろいだ状態でいる自分の姿を描き、そういう気持になって私の言葉をさりげなく聞いてください。

●あなたは今、描いているイメージの状態でくつろいでいることができる。穏やかな、和やかな、おおらかな気持でいることができる。

●あなたが望むような状態になることができる。

あなたは今、あなたが描いている条件のなかで、ほとんどアガリを感じなくなる。そのことを自分自身にも、力まずさりげなくいい聞かせてください。（音楽）

はい。それではこれからリラックス法によるトランス状態からさめて、普通の意識状態に戻ります。

あなたは今から私が数を五から逆に数えると気持よく目がさめ、開きます。

●では数えます。五つ――、四つ――、三つ――、さあだんだんと気持が落ち着いて、意

識がはっきりとしてきます。二つ――、一つ――、ゼロ、

●はい、静かに目を開けてください。

●手や足を五、六回大きく伸ばしたり縮めたりしてください。

●そうして、この音楽が終わったら、静かに立ち上がるかまたはそのまま眠ってください。

これでリラックス法によるアガリをなくす方法を終わります。（音楽）

もう人前でゼッタイあがらない!

著　者　坂上　肇
発行者　真船美保子
発行所　KK ロングセラーズ
東京都新宿区高田馬場 2-1-2　〒 169-0075
電話（03）3204-5161（代）　振替　00120-7-145737
http://www.kklong.co.jp
印　刷　大日本印刷　　製　本　難波製本

落丁・乱丁はお取り替えいたします。
※定価と発行日はカバーに表示してあります。
ISBN978-4-8454-5032-9　C0230　Printed In Japan 2017